薬物・アルコール依存症からのリカバリー

下手くそやけどなんとか生きてるねん。

渡邊洋次郎

現代書館

まえがき

私は、アルコールと薬物の依存症者です。現在はそれらのリカバリーを支援する仕事をしていますが、これまでに四八回もの精神科病院への入退院を繰り返し、なかなか、リカバリーすることができませんでした。

自分自身の経験から考えたとき、社会にはまだまだ「依存症は本人の意志や人間性の問題だ」という偏見があり、そのことが治療や支援を必要とする人たちから、回復の機会を遠ざけてしまっているように感じています。また、それらの偏見は、家族だけで依存症者のことを抱え込んでなんとかしなくては！　という悪循環を生んだり、ときには人目につかないように世間から隠そうとする事態にも発展しています。

私が今回、依存症者としての自らの経験を、こうして一冊の本を通じて皆さまと共有したいと思ったもともとの動機をお話しします。

この社会には「依存症者」「非行少年」「犯罪者」「精神科病院の患者」「刑務所服役者」というカテゴライズされた呼び名が存在するのは確かですが、決してそれだけで全てが表せるわけではなく、そこには「人」がいます。そして、生活を営む「人」としてのその人がいることを知ってもらいたい気持ちがありました。ですが、その「人」がどんな人なのかを理解するよりも先に、カテゴライズされた呼び名だけで、その人を「怖い人」とか「よくわからない人」というふうに決めつけてしまいがちです。

そこで、私というひとりの「人」が生きるなかで、依存症や非行、精神科病院入退院、犯罪、刑務所服役という様々な状態や局面にいたということを知っていただきたい、そこから依存症への理解が始まると考えました。

最近では様々な状況にいる人たち、当事者と呼ばれる人たちが声をあげています。依存症の仲間たちも少しずつ声をあげ始めています。それでも未だに、依存症や依存症者が世間からよく知られていないままに、決めつけられてしまっていることが非常に多いように感じます。

だからこそ、いま自分が声をあげ、姿を見せていくことから、依存症者への決めつけに小さくとも疑問が生まれてくれたらと願っています。周囲の人たちや社会、自分自身を省みるきっかけは、自分のなかに起こる疑問から生まれるからです。

今回、この書籍を世に出し、辛い思いや悲しい思いのただなかにいる、いわゆる私と同じような当事者に読んでいただけたら幸いです。

同時に、依存症者やその可能性がある人と関わる方たちにも是非、読んでいただきたいと思っています。たとえば、子どもをもつ親御さんや、その子どもと関わる保育士さん、学校の先生、少年犯罪や更生保護に携わる方たち。それから精神科医療において、通院したり入院したりしている患者さんと関わる医師や看護師、ソーシャルワーカー、行政職の方たちです。この街に暮らすいろいろな方たちに関わってもらった結果、いまの私がいる、という事実から考えると、職種や立場にかかわらず、多くの方たちに、読んでいただきたいです。

本書のなかに、あなたが関わる「あの子」や「この子」、「あの人」や「この人」、そして自分自身が見つかるかもしれません。そのようにお役に立てたら本当に嬉しいです。

本書は二部構成になっています。第一部では、私の生い立ち、幼少期から青年期、非行、依存症、精神科病院入退院、刑務所服役と、どのように自身の状態、状況が悪くなっていったか、そして「依存症」であることを認め、そこからリカバリーしていくプロセスを綴っています。

第二部では、そうしたプロセスを通して見えてきたことを、1章では依存症当事者として回復に必要だったこと、2章では支援者としてそのことをどのように支援や関わり方につなげていくか、そして3章では、依存症を個人や特定の人間関係だけの問題ではなく、社会の問題として、みんなで考えていけるような、社会そのものへ向けた問題提起をさせていただきました。

具体的な示唆としては書いていませんが、人権や更生、自由、責任、教育、誰かとの出会い、別れ、生きること等々、いろいろな側面や問題と密接につながっていると思っていますので、それらについても一緒に考えるきっかけになればと思います。

本書との出会いを、問題の解決ではなく、これから先へ歩き始めるきっかけとしていただければ、本当に嬉しいです。

下手くそやけどなんとか生きてるねん。＊目次

第一部　ある依存症者の生き様

――リカバリー、それは「生きる」ことへの根源的な問い掛け

第１章　生きづらさを非行で表現していた幼少期〜思春期

保育園

私が生まれたのは、大阪。父親と母親、姉と妹の五人家族です。保育園へは、父親と母親が交代で、自転車の三人乗りで、姉と私や、妹と私を送り迎えしていました。

保育園に通っていた頃は、友だちはいたけれど、一人で遊んでいることが多い子どもでした。園内にある草むらや石ころを退《ど》けて、下にいるダンゴムシを集めてポケットに入れたりしていました。

母親から後に聞いたことですが、保育園からの帰り道などで、買って欲しいお菓子やものがあったら、商店街の地べたにひっくり返って泣き叫び、駄々をこねていたようです。

また、保育園で同じクラスの子どもたちと悪さをしても全く謝らないので、おやつをもらえないこともありました。数日後に保育士さんが家を訪ねてきて、「洋次郎君は、多分、悪いことをしたら謝らないとあかんとか、謝って許してもらうとかがわかっていなかったんやろう。そのこともわからず、一方的に、おやつをなしにして申し訳なかった」と謝られたようです。

小学校

小学校に上がってからは勉強にサッパリついていけませんでした。問題が解けないというよりも、問題の意図そのものが理解できないでいました。外履きから上履きに履き替えて、教室に入ることもうまくできず、ボンヤリと教室の外から、中の同級生たちを眺めていました。先生から手渡された時間割表は、その意味や目的が理解できないまま、家にほったらかしでした。そのうえ不潔な子どもで、教室の机のなかに給食で出た残飯を詰め込んだり、トイレでウンチをして、指で拭いて壁にこすりつけたりしていました。

小学三年のときに、数カ月間ですが、理由はハッキリわからないけど、登校してもすぐに保健室に行き、一日中、保健室のベッドで寝て過ごすような時期もありました。小学校の集団登校で学校へ向かうとき、ひとりだけボンヤリ空を見つめながら、このまま学校行って、授業を受けて、下校して、飯を食って、寝るだけの日々に漠然とした虚しさや不安感、恐怖を抱いたのを覚えています。

小学校の間はずっとちゃらんぽらんで、宿題もほとんどしたことはなく、先生から毎回居残りや罰として掃除をするように言われていましたが、それを無視して悪気もなく下校していました。テストのときは、配られた解答用紙を裏返して、マンガを描いて遊んでいました。あとは、仲の良かった二人の友だちと、タバコをふかし（肺に入れない状態）で吸ったり、倉庫に火をつけたり、悪さをして遊んでいました。

低学年くらいのときに、何度か小さな家出をしました。悪さをしてそのまま家に帰れば両親に怒られるからまっすぐ帰らず、そこら辺をうろうろ徘徊して朝を迎えたりしていました。家出をしたときに嬉しかったのは、悪さをしてそのまま家に帰ったら怒られるのに、家出から帰ったときは「よく帰ってきたね！」と褒められて、ケーキまで出してもらえることでした。そのとき、「怒られたくないときは、心配かけたら良いんや」と思ったのを覚えています。

友人関係

保育園や小学校に上がった頃、同級生の友だちを前に、草むらで捕まえた虫を食べてみせたり、友だちが立ち小便するのを、そばにしゃがみ込んで飲んでみせたりしていました。学校の勉強は全くできなかったし、運動神経も良くなかったので、友だちに自慢したり、興味をもってもらえるものがなくて、人がしない不潔なことやアホなことをして、関心をもってもらおうとしていました。「汚ねえー‼」とか、「気持ち悪い‼」と言われることで、得意げになっていました。

小学二年くらいまでは、二人の友だちと、よく悪さをしていました。小学四年の頃は、休み時間に、サッカーボールでオーバーヘッドキックをしていた友だちに憧れ、仲良くなりました。一年か二年、毎日のように、その友だちと遊んでいたけど、ある日、急に「洋次郎は、俺以外に友だちおらへんの？」と聞かれました。私にとっては、毎日でも遊びたかった唯一の友だちでしたが、「洋次郎は、たくさんいる友だちの一人でしかないんだ」と言われ、とても傷ついたのを覚えています。相手には、私との関係を切る／切らないが選べるのに、私は、「切らないで」とお願いするしかない。主導権が常に相手にある対等ではない友人関係に、惨めな気持ちになりました。

中学校

中学に上がってからも、勉強はサッパリでした。学年が上がれば上がるだけ、基礎がわかっていないから、余計にわからなくなっていきました。また、中学に上がってからの家出は小学生の頃とは違い、数日に及んだりしました。学校で目立つようになり、不良少年が近づいてきました。

初めてシンナーを吸ったのは中学二年の頃で、当時よく遊んでいた不良友だちから無理矢理吸うように言われ、嫌だと言うと殴られたりしたので、仕方なく吸ったのでした。ただ、二回目以降は、夜中に家を出たり、友だちと溜まり場に行ったときに、自分から好んで吸いました。バイクを盗んで乗り回したりもしていました。

シンナーを吸ったら気持ち良いとか、盗みをしたら欲しいものが手に入るからというより、周囲の同級生が「シンナー吸ったら気持ちええん?」とか、「バイクはどこで盗んでるん?」「警察怖ないの?」というふうに私に関心をもって、いろいろ話しかけてきたり、聞いてきたりするのが、嬉しかったのを覚えています。

それまでの自分は、同級生に校舎の裏に呼び出されて、「学校のなかで一番喧嘩が強いのは誰や」

と聞かれて答えさせられたり、同級生がヘラヘラ笑いながら身体を蹴飛ばしてきても、「嫌や！」とか、「やめろ！」と言えない人間でした。だから、シンナーを吸ったり悪さをして、みんなが「すごいなぁ‼」と私の周りに集まってきたときに初めて調子に乗って、偉そうにすることができました。みんなに私の怖さや悪さを認めさせた！　という感覚になりました。

警察に捕まり、家庭裁判所へ出頭するように命ぜられたときも、自分の親や友だちの親に連れられて、家庭裁判所へ向かう坂道を登りながら、すねた顔をして不貞腐れている自分をカッコイイと思っていました。そうやって、なんとか学校や他者、この社会とのつながりを見出し、そのなかでバランスを取ることで、自分の立ち位置みたいなものを確認できていた気がします。

シンナーの乱用が特にひどくなってきたのは、中学を卒業する頃でした。中学の同級生たちは、進学や就職が決まっていたけど、私だけ、この先どうなっていくのかもわからないまま、時間だけが過ぎていきました。

その頃から、自らの腕にタバコの火をつけて焼くといった自傷行為を頻繁に繰り返すようになっていました。自分が感じていた孤独感や淋しさを「みんな、アイツらのせい。アイツらが、俺を捨てて、変わることを選びやがったから、俺はこんな風に感じるんだ」と、友だちのせいにすることでなんとかやり過ごそうとしていました。

自傷行為をしながらいつも思っていたのは、自らの腕を傷つけ、そこにかさぶたができていくなかに「何もかもを閉じ込めてしまえ。封印して、何もなかったかのように、生きるんだ‼」ということです。そうやって自らに言い聞かせて、自傷行為を繰り返していました。

一つひとつを切り捨てながら、生き抜こうとしていました。

中学校卒業後

中学を卒業してからは、明けても暮れてもシンナー入りのビニール袋を手にもって、それを吸い続ける日々でした。当時は体重も四十数キロしかなく、ガリガリになりながら、それでも布団から身体を起こして、シンナーを吸っていました。目の前には大きなバケツが置かれ、そのなかに唾を一杯になるくらい吐きながら、シンナーを吸い続けました。

そうやって、非行を繰り返しましたが、本当は心のどこかで、「中学の後輩らにどんなふうに思われているんやろうか?」という気持ちがありました。みんなよりも、だいぶ遅れて不良になったことや、中学を卒業するかしないかの頃に一度、隣の中学の不良仲間とケンカになったとき後輩を見捨てて逃げ出したことがあって、そのことがずっと自分のなかで、引っかかっていました。

初めての飲酒

いつものように夜中に溜まり場に行ったとき、誰もシンナーをもっていなくて、パクるために塗装屋を回ったけど、手に入らなかったことがありました。そのとき、たまたまそばにいた先輩に「アルコールは酔っ払うって聞くけど、シンナーみたいに気持ち良くなるん？」と聞いて、「気持ちええん違うか‼」と言われたので、「せっかく、夜中に家を出てきたんやし、酒でも飲んどこうか！」というのが、初めての飲酒のきっかけでした。

近所の酒屋さんで、ウイスキーとワンカップを二〜三本盗みました。まずはワンカップを、溜まり場の近くの道端に座り込んで飲んでみました。ウィスキーについては、当然飲み方がわからないので、とりあえず、ワンカップの空き瓶に注いで、一気に飲みました。別に大したこともなかったので「もう一杯、もう一杯」と、ウイスキーのストレートを三杯一気飲みしたら、途中くらいから、頭のなかがグワングワンし、目も回ってしまいました。一〇秒もたたないうちに、ほとんど気絶みたいにして、ぶっ倒れました。記憶にあるのは、目が回っているなかで、景色がグルグル回っていることくらいでした。

後になって、そのときのことを先輩から聞かされました。酔っ払ってぶっ倒れた直後、私は急性アルコール中毒で救急搬送されていました。病院に着いて、看護師さんが処置をしようと、私のズボンを脱がそうとしたとき、酔っ払って訳がわからなくなっていたのか、卑猥なことを言いまくったみたいでした。

先輩から「洋次郎、恥ずかしいねん！　かっこ悪いねん‼」と言われましたが、私はなぜかそのことを「先輩らに俺の怖さを認めさせた‼　酔ったら何をするかわからんヤツやと思わせた」くらいに思って、得意げになっていたのを覚えています。なんて言うか、「先輩らから、一目置かれる自分なんや‼」みたいな感じでした。

当時は仲の良かった友だちとカラオケボックスに行っても、そこら辺にタバコのポイ捨てをしたり、ソファめがけてタバコを投げ捨てたり、とにかくみんながしないようなことをやって、「洋次郎怖ないん？」と言われることで、得意げになっていました。ただ、その頃には、少しずつ、飲酒する機会が多くなり、酒を飲むことに病的にとらわれ始めていました。

大嫌いだったアトピーの自分

幼い頃からアトピー性皮膚炎がひどく、膝の裏あたりや、肘の内側の皮膚が赤くなったり、掻いてガサガサになったりしていました。小学校四年くらいのときに、仲の良かった友だちから「洋次郎はお風呂に入っても、身体を洗ってないんやろ?」と、馬鹿にされました。足のすねあたりが、アトピーのために粉を吹いたように白く干からびた感じになっているのを、友だちから「お風呂に入って身体洗ってへんから、垢やで、それ!」と言われて、とてもショックでした。

アトピーにとっては良くないのに、それからはお風呂に入るときにゴシゴシゴシゴシ、目の粗いタオルで身体を洗いまくり、なんとか友だちからそんな風に言われないようにしました。

プールに入るときも、プールサイドで三角座りをさせられて待っているときに、自分の足を見てウンザリしたり、掻き傷や痒みのために汗をかきにくかったり、半袖のシャツを着たくなかったりしたので、それだけでやれることや、やりたいことが制限されている、可能性が狭まっているような気がして、アトピーの身体、アトピーの自分をとても恨みました。アトピーだけではなく、喘息もあって、運動が楽しくなかったので、そんなふうに感じていました。友だちの手足と自分のとが並ぶような場面では、勝手に綺麗とか汚いとか見比べて、自分は劣っているんだと、とても嫌な気持ちになりました。

家族関係

年に二回、盆と正月には、香川県にあった田舎（父親の実家）に家族みんなで里帰りをしました。父親と母親が共働きであったために、休みの取れない母親だけが遅れて田舎に帰ってきたり、逆に、一日早く大阪に戻り、仕事をしなければいけませんでした。

姉や妹は、母親がそばにいなくてもけっこう楽しそうに過ごしていたけど、私だけは泣きじゃくり、頭のなかでずっと母親のことを考えていました。

実家で、酔って寝ている父親にそのことを言うと、機嫌が悪くなったり、「洋次郎は、お母さんとお父さん、どっちが好きなんや？」みたいな質問をしてきました。最初は、正直に「お母さん」と答えていたけど、本当のことを言うと不機嫌になるから、そのうちに答えなかったり、そう思っていないのに、「お父さん！」と答えるようになりました。

姉や妹と一緒に、実家の前の道路と歩道の間にレンガを並べたりして遊んでいたけど、私の頭のなかではずっと、当時流行っていた漫画のバレーボール選手が、「お母さん！」と言うセリフが、リフレインしていました。

きわめつけは、父親が私を祖母のところへ連れて行き、「ここは、お前の家やで」と言って、祖母に私を抱っこさせようとすることでした。いまなら、私は長男だし、実家の跡取りという意味で言っていたのがわかりますが、当時は、「俺を実家に置いていくんだろうか？」と感じて、泣きまくったのを覚えています。


小学校低学年の頃、ときどき学校をズル休みしていました。梅田のコンピュータ機器販売店の店頭に置いてあるパソコンのゲームをしたりして、時間を潰していました。

何度かそうやって学校をズル休みしていましたが、一度、何を思ってか、そのまま母親が働いていた福島区の阪大病院まで、歩いて行ったことがあります。病院の受付のソファで、テレビを見ながらゴロゴロしていた私の足を見て、もしかしてと思った母親が近づいたらそこに私がいたので、驚いたそうです。普段は見向きもしない方角にあるソファだったから、本当に、偶然ってスゴイなあと話していました。

母や姉、妹と一緒に綺麗な清流へ出掛けたとき、川に飛び込んで遊びました。私が必ず、清流にかかる橋の上を人が歩いているときに飛び込むので、母親から「洋次郎は、本当にみんなに見てもらうのが好きな子ども」「目立つことをするのが好きな子どもやね」と言われました。

小学校三年か四年のとき、林間学校で若狭湾の海洋センターへ泊りがけで出かけました。当然、小学校の泊まりがけの行事なので、親や姉妹は行かず私ひとりでした。

夜に同級生や先生たちと、丸っこい石ころに若狭の漆を塗ったり、それを磨いたりしていたとき、私は、肩を震わせて「お母さん、お母さん」と泣いていました。目の前に、母親がいない状況がよく理解できず、ずっと泣いていました。

父親は、口うるさく怒る人ではなかったけど、散髪屋さんで私が自分好みの髪型にして、店員さんの勧めで整髪料をつけてもらったら、帰宅後、めちゃくちゃ怒られて、無理矢理頭を丸刈りにされたことがありました。当時は、散髪屋さんに行っても、親が決めていた丸刈り以外にさせてもらえませんでした。

父親は毎日晩酌していたけれど、土日で一日中休みのときは、朝から晩まで、ワンカップを飲みながらゴロゴロしていて、テレビから駅伝の中継が流れていました。母親は不在で、作り置きのカレーの匂いが部屋中に充満していました。

父親は、私や妹に「足の裏を踏め！」と命令してきて、奴隷のように一～二時間、ひたすら足の裏を踏ませました。そして、父親が飲んでいるワンカップがなくなるたびに、買いに行かされました。

週明けの月曜日の朝は、決まって風呂に入って汗を流しては外で涼み、またお風呂に入るのを繰り返していました。そうやって、何度も何度も熱いお風呂で汗を流していました。いまなら、必死になって汗をかくことでアルコールを抜いていたんだなあと思いますが、当時は全くわかりませんでした。

小学校で悪さをしたときは、帰宅後、父親の命令で、部屋の真ん中で正座を一～二時間させられました。その際、いつも隣に母親がいて、告げ口するように「この子は全然、話聞いてへんで‼」とか、「聞いていたんなら、お父さんが言っていたことをもう一回言ってみい‼」と言われたりしました。

当然、父親の説教をちゃんと聞いていないから復唱なんてできないのだけど、そうしたら母親は鬼の首を取ったような勢いで、「ほら、みい、ちゃんと聞いてへんから、全然、お父さんが話したことを言われへんで！」と言います。父親の肩をもつ母親のことを、「嫌やなぁ～、ずるいなぁ

〜」と感じていました。

姉とはあまり仲良くなかったけど、妹とはけっこう一緒に遊びました。私は、保育園の頃から、スーパーマーケットなどでお菓子を万引きしていましたが、仲の良かった妹にも「万引きして来い‼」と、やらせていました。妹にひとりで万引きさせたり、一緒にすることもありました。

それ以外にも、週に一回、仕事でいない母親の代わりに家に来ていた母方の祖母の財布から、お金を盗ませていました。

わざとではないと思うけど、財布からお金を盗ませているのが親や祖母にバレてしまったり、妹が助けを求めるように周囲に不自然な態度や表情を見せたときは、腹のなかというか、胃の辺りが、キューッと締めつけられて、苛立ちや怒りが込み上げました。

我慢できずに、妹を自分の部屋に連れて行き、蛍光灯の紐を両手で握らせて、空いた腹部を何発も何発も殴りつけました。暴力がおさまることはなく、日を追うごとに、どんどんひどくなっていきました。

なぜ、妹に対して暴力を振るい続けたのか、当時はわかりませんでした。自分のなかで妹を支配したかったんだと思います。私の命令に背いて、親や祖母から怒られたり、嫌われたりするのを避けたことが許せなかったし、助けを求めて私から逃げようとしたのが、どうしても許せなかったのだと、いまは思います。

それからずいぶんして母親から聞かされたのは、当時小さな子どもだった妹が、自宅の三階のベランダから階下を覗き込み、自殺を考えたことがあったということでした。自分が死んだら、お母さんが悲しむ。それだけが、妹が自殺を思い留まった理由だと聞きました。

どんな思いで、そんなふうに感じていたのかは、想像することしかできないけど、本当に苦しめていたんだと思い知りました。

姉とはそんなに仲良く遊んだりした思い出はなかったけど、小さい頃に姉に対して「イィ〜ッ」と癇癪を起こし、そのまま手にもっていた箸の先で姉の腕を突き刺しました。スボッと穴が開くように、姉の腕に箸が刺さったのを覚えています。

生きにくさを抱えた「変わった子」

幼い頃から変わっていたけど、小学校の頃は、蚊に餌をあげると言って草むらに入って行き、両手を腕まくりして、ずっと血を吸わせたりしていました。家の前が河川敷だったので、雨の降った翌日には、土から出てきて干からびて死んでいるミミズの死骸がたくさんありました。それを一つひとつ拾い上げては、草むらや土の上に置いていきました。ときには、自分の頬やくちびるに触れさせてから、土の上に置いていました。

幼かった私なりの思いとしては、温もりを知ってから死んでいって欲しかったのです。だから、一度自分の肌に触れさせて、「おやすみ」と言ってから土の上や草むらのなかに置いていきました。母親には、「不潔」とか「気色悪い」と言われましたが、私は、自分の素直な気持ちからそうしていたので、気にしませんでした。

小学校のときに、犬を拾いました。雌だったけど、次郎と名付けました。親に怒られたりしてうつむいて泣いていると、私の泣き濡れた頬や手についた涙をペロペロと舐めてくれました。私のことを撫でてくれているようで、嬉しかった。

目はとても悲しそうで、まるで心で泣いているように見えました。その目で、ジーッと私の目を見つめ、クゥンと鳴いてくれました。

次郎に赤ちゃんが生まれ、とても嬉しくて可愛がりました。

ある日、次郎の赤ちゃんに餌をやろうとしたら、私の足の間を抜けて、道路へ飛び出してしまい、そのまま、走ってきた車に轢かれてしまいました。即死でした。

そのとき、本当は悲しかったけど、怖くて身動きの取れなかった私に対して、姉が「悲しくないんか？」と言ってきて、とても傷つきました。


二十年近く生きた次郎の最期は、身体に穴が開き、立ち上がれないほど老衰していました。夜中に、ガレージで、クゥーンクゥーンと鳴くのを聞いているのが辛くて、当時、自分が飲んでいた精神科の睡眠薬を飲ませたら、次の日、死んでいました。


前にも書いたように、中学二年くらいから家出をしたり、不良友だちとつるんでシンナーを吸ったり、窃盗したりしていましたが、本当は、とても臆病者でした。

初対面の人間を見るときは、腕に根性焼きがあるかどうかとか、入れ墨はあるかとか、そんなところばかりを気にしていました。根性焼きや入れ墨があったりしたら、怖い人かもしれないから低姿勢で関わったり、怖そうじゃないと思ったら偉そうな態度を取ったり、相手がどんな人間かで自分の立ち振る舞いを変えていました。

非行をやめたり、悪さをしないで生きることは、誰にも構ってもらえなかった頃の自分に逆戻りする、自分がいるのかいないのかもわからないような人間関係のなかで、いいように扱われていくだけにしか思えませんでした。言いなりのように生きるのが、本当に惨めで仕方なかった。それまで生きていて、誰とも何ともつながっているような感覚がもてなかったのです。

自分の立つ位置というか、居場所？　所属感？　そんなものを求めていました。

何度も警察に捕まりましたが、あるとき、刑事から「何でお前はグレるん⁇」と言われて、とても嫌な気分になりました。

その刑事が言うには、「だいたいグレる子どもというのは、親が片親とか、ヤクザや水商売をしている場合が多いのに、お前のところは両親もいるし、両親ともに仕事もしている真面目な家やろ。そんな恵まれた家庭やのに、何でお前はグレるん？」と。

私から言わせれば、「両親がいようといまいと、生きにくいから、こうやって生きているねん‼」です。それなのに、「恵まれた家庭やのに」と言われると、グレるだけの苦しみもないのに、非行や悪さをするのはただの甘えや、と言われているみたいな気がして、居心地が悪くなりました。

目に見えている環境がどうであれ、それをどう感じるかは、俺自身やろ！　周囲から見えているのが恵まれた家庭なんかもしれへんけど、苦しいもんは苦しいねん‼　辛いもんは辛いねん‼

そういう、やり切れない気持ちを抱えていました。

第２章　アルコールに溺れ、精神科病院入退院・刑務所服役、自傷を繰り返した青年期

シンナー乱用と逮捕の繰り返し

中学を卒業してからはシンナー乱用、窃盗などの犯罪、逮捕が繰り返された一年間でした。

一六歳の終わりには、少年鑑別所へ四度入所を繰り返していました。

三度目の鑑別所入所時に、父親が危篤となり、家庭裁判所の命令で一時釈放を許されましたが、そのときに私は、同室の少年を前に「いまから自由になれるねん!!　やったで!!」というガッツポーズを見せました。

鑑別所を出るときに姉が迎えに来てくれていたけど、当時の私は姉がどんな思いをして、そこにいたのかを知ろうともしませんでした。

その代わりに私が言った第一声は、「姉ちゃん、タバコちょうだい‼」でした。

父の死

父親が入院する病院へは、鑑別所を出て、そのまま向かいました。

病室に入ると、親類たちがいました。私が鑑別所に入っていたことを知ってか、父方のおじから、大きな声で「お父さんがこんなときに、息子のお前はどこへ行っていたんや‼」「お父さんをこんなふうにしたのは、心配ばかりかけたお前や！」と言われました。

そんなふうに言葉を投げつけられて、私自身も複雑な気持ちで一杯だったので、知るか‼ と暴言を吐き捨てました。

病室のベッドに横たわる父親の姿は、昔の面影なんて欠片もないくらいガリガリに痩せ細り、体中の皮膚が黄疸で土色になっていました。身体や顔には、何本もチューブがつながっていました。意識はすでになく、見開いた目だけが、白っぽく濁り、焦点の合わないまま虚ろに宙を向いていました。

ベッドに横たわる父親を見つめながら、当たり前のように、「いま父親のそばに行かなきゃ、生きている父親を見ることも触れることもできなくなってしまう」と思いました。

重い足を引きずって父親のそばに行き、身体に手を伸ばして触れたとき、意識のない父親の目から雫が頬を伝い、流れていくのが見えた気がしました。

それが、涙なのか、単なる目やになのかわからないけど、父親は、死ぬ間際に私がそばにいることを理解してくれている。息子の私が、そばに来ていることを感じて涙を流してくれている。そんなふうに思いました。

そのとき、私の頬にも、涙が流れていました。

そして、父親が生きているうちに伝えることができなかった自分の本当の気持ちが胸のうちにこみあげてきました。


たくさん、苦しめて、ごめん……。

それでも、大事なお父さんやった……。

ありがとう。

でも、これで本当にお別れなんやね。さよならなんや……。

そう自分のなかで噛み締め、そして、悪に生きる決心をしました。

悪に生きる決心をしたのは、自分がどんなに父親のことを大事に思っていたとしても、そんなふうには、生きられなかった。生きようとしなかった人間やん、という気持ちがあったからです。

こんなにも、苦しくて辛いのは、そんなふうに生きようともしないくせに、いろんなことを感じてしまう自分がいるからや。

優しさも素直な気持ちも淋しさも全部全部ちぎり捨てて、悪に生きたらええねん。悪に生きて、苦しんでのたれ死ねばいい。私には、それがお似合いや。

そう静かに自分のなかで、決心しました。

もうこれ以上傷つきたくなかったからなのかもわかりません。とにかく涙のなかで、私は私に、悪に生きるという重い荷を課しました。傷つくことから逃れるために、生き残るために。

少年院で中断したシンナーをまた繰り返す

三度目の少年審判では、父親が亡くなったということもあり、試験観察委託処分（試験観察を行う際、民間の人や施設に指導を委ねること）になりました。しかし、二、三カ月もたたないうちに、委託先の車のなかからお金を盗み、そのまま逃走して地元に帰りました。

自宅に滞在している際に、家庭裁判所の調査官から電話があり、捕まえに来ないことを条件に出頭しましたが、そのまま家庭裁判所の牢屋（鑑別所へ連れて帰られたり、少年院送致が決まった少年が待機する場所で、個室で鉄格子もはまっている）に入れられ、鑑別所へ逆戻りになりました。

その後、四度目の少年審判で中等長期少年院、加古川学園への送致を言い渡されました。

少年審判のときには、父親を亡くしてすぐの母親が傍聴していました。本当かどうかは定かではないけど、少年院送致を言い渡され、家庭裁判所の牢屋へ連行されていくときに、一瞬振り返って見た母親の表情には、微かに笑みが浮かんでいた気がしました。

少年院での生活はいままでの環境とは全く異なり、私語が厳禁でした。就寝時には、うつ伏せや横向きで寝ていたら起こされて、仰向けで寝るように指示されます。作業では何度か農耕をしたりしましたが、持病の喘息やアトピーが悪化気味だったので、激しく身体を動かさないですむ縫い物や洗濯等の作業に回されました。

体育では腕立て伏せ千回や腹筋千回、スクワット千回など、尋常じゃありませんでした。スクワットで、誰か一人がダウンすると、連帯責任で全員が一番最初からやり直しをさせられ、本当に無茶苦茶厳しかったです。

日中の作業や体育以外に、漢字や数学、珠算の勉強がありました。それ以外にさせてもらえることがないのが理由でしたが、時間を潰すように漢字をノートに何度も何度も書き写していました。

一年間少年院で生活するなかで、珠算七級だけ取ることができて、表彰状をもらいました。そのあいだ、家のこととか、父親が死んだ後の家族のこととか、いろいろ考えたりしていました。

少年院を出院する少し前に母親が収穫祭に来てくれたけど、素直に喜んでいる様子ではなく、本当に仕方ないから引き受ける、といった感じでした。

出院の日、迎えに来てくれた母親と二人で、少年院から駅までの山道を下り、途中、神社に立ち寄って帰宅しました。

加古川から大阪へ着くまでの途中、タバコを吸ったら本当に頭がクラクラして気持ち悪くなってしまいました。

少年院を仮退院で出て半年間くらいは、シンナーを吸わずにいました。仮退院取り消しとなって少年院へ戻るのが嫌だったから、なんとか我慢していました。

そのとき一八歳になっていたので親に相談して、車の免許を取るために鳥取県の自動車教習所へ合宿に行くことにしました。不良っぽい人たちばかりがいる合宿所で、みんな酒をもち込んで宴会していたり、なかにはシンナーを吸っている人たちもいました。私もそれまでは我慢していたけれど、周囲でやっているのを見ていてついつい欲しくなり、結局合宿所にいる間に再びシンナーを吸うようになっていきました。

水商売からアルコール依存症に

一八歳から水商売を始めました。きっかけは、ナンパした女の子が「洋次郎君ならホストが似合うよー」と言ってくれたことでした。

以前に酒を飲んだときは、シンナーが手に入らなかったときの代替品くらいの感覚でしたが、水商売に就いてからは、かなりの量を毎日飲むようになっていきました。ミナミの繁華街などで女の子に声をかけ、お店に来てもらう。お客さんがおろしてくれたブランデーやカクテル、ビールなんかを飲みながら、いろいろお話をしていました。

最初の頃は酒の飲み方がわからず、飲んでは酔っ払ってクローゼットで寝ている私に対して、先輩ホストは、「飲んだ酒を全部トイレで吐いてこい‼ 吐いたらまた飲める」。「俺らもみんなそうやって、お客さんにボトルをおろしてもらったりしているんやから」と教えられました。「トイレの便器の周りに嘔吐物や血がついているのは、俺らが吐いて出た血とかや。喉が切れて、喉に吐き癖ができるくらい、飲まなあかんで‼」と言われました。

働き出してすぐの頃は、店の決まりを守って、キャッチでお客さんが入ってからしか酒は飲んでいませんでした。次第に、キャッチへ出る前や出ている最中に嘘をついて、コソコソと酒を飲むためにコンビニへ走ったりするようになっていきました。トイレへ行くと言って、何度も何度もコンビニへ酒を継ぎ足しに行くのがバレて怒られたり、最終的には殴られたりもしながら、それでも飲むのをやめることはできませんでした。

お店にいるときも、お客さんのボトルが置いてあるボトル棚からブランデーを一本くすねて、トイレの個室でガブガブラッパ飲みをしたり、お客さんが帰った後の下げたグラスのなかの残り物のカクテルやビールを集めておいて、一気に飲んだりもするようになっていました。

次第に、手が震え出して、お客さんから「洋次郎君、アル中違うん？」と言われたり、ヘルプで席についても、「全然しゃべらんと、酒ばかり飲んでいる」とお客さんからクレームが出たりもするようになっていきました。

結局、酒を飲む仕事にもかかわらず、酒の飲み方がおかしいという理由から五カ所くらいのお店を解雇されました。それが、ちょうど二〇歳になるかならないかくらいのときでした。

それまではホストをしたり、非行に走って悪さなんかをしながらも、「これが自分なんや！」みたいな感覚がありました。でもそのときは、自分という存在を肯定する何かが完全に崩壊したような気持ちになりました。

それまでなら、近所でシンナーを吸うときも、不良友だちとか後輩に見られたら恥ずかしいとか馬鹿にされるのではと羞恥心があったけど、そのときは、本当に何もかもがどうでもいいと、恥も外聞もなくビニール袋に入れたシンナーを吸いながら、そこいら中を徘徊していました。

酒やシンナーが原因なのかどうかはわからないけど、その頃は全身のアトピーがひどくなり、痛みと痒みで死にたいくらい苦しかったです。

断崖絶壁に立たされ、助けを求めたのは警察

いろんな苦しみのなかで飲酒はどんどんひどくなり、シンナーもどんどん吸うようになっていきました。自室に閉じこもって、ウイスキーをラッパ飲みしたり、ビニール袋に入れたシンナーを吸いまくったり、本当にどうしようもないままに自傷行為を繰り返していました。

お金がなかったので、毎晩、自転車で近くのコンビニに行き、酒を万引きして回っていました。ときには、刃物をもって行くこともありました。酒も万引きも止まらない。このままずっと続けていくんやろうか、と生まれて初めて、恐怖を感じました。

その当時の心象風景は、断崖絶壁の上に立たされたまま、背後から強烈な力が私をグワーッと押してきて、いまにも崖から下へ突き落とそうとしている。私を押す力は弱まることもなく、崖から突き落とされるのを待つしかない。そんな様子でした。

しまいには、布団で横になっていたときに、急にいくつもの思考が、まるでテレビをつけたり消したり、チャンネルをガチャガチャするみたいに勝手に動き出し、頭のなかがバラバラになっていく感覚がしました。思考がバラバラに飛び散って、自分が分裂していく。そんな恐怖を覚えました。

そのとき、助けを求めたのが、これまでも随分とお世話になった警察でした。とにかく、力ずくでもなんでもいいからこの暴走を止めてくれ！　という一心で、気づいたら警察に通報していました。

家に来た警官が私の様子を見ながら、「留置場に二、三日入るか？　それとも、アルコール依存症は病気やから、治療をしている病院へ行ってみるか、どうする？　どうしたい？」と言われて、生まれて初めて、精神科病院への入院を決断しました。ちょうど二〇歳のときでした。

依存症治療――精神科病院への入退院を繰り返す

二〇歳で初めて精神科病院に入院してから三〇歳までの一〇年間、私は複数の病院への入退院を幾度となく繰り返しました。その数、全部で四八回。二十代前半のうちは任意入院（本人の意思に基づく入院）が多く、依存症専門の開放病棟だったので、外泊なども許されていました。ですが、二十代後半になると閉鎖病棟での医療保護入院（医師の許可と親の同意があって初めて退院できる）がほとんどになっていきました。

初めて入院したのは、大阪府豊中市の精神科病院の閉鎖病棟で、その日は保護室に入りました。

物理的には不自由で仕方のない空間だったけれど、「これでやっと酒を飲むことや手に入れることに必死にならなくてもいい。いくら足掻いても、酒は手に入らないんやから」と本当に安心したことを覚えています。

入院中に、他の患者さんから「処方薬を飲んだら気持ち良くなるで！」と教えてもらい、言われたとおりに、ナースステーションの前に立ち、イライラすると訴えて、処方薬を手に入れました。

その病院では依存症の治療をしていないので、大阪府和泉市にある依存症の専門治療をしている病院へと転院になりました。その間、最初に入院していた豊中市の病院を何度か訪れ、仲が良くなっていた入院患者さんと会ったりしていました。

ただ、転院するまでの間に自宅で処方薬と酒をチャンポンして飲んでいたので、完全に状態がおかしくなり、患者さんに会いに行っているときに二日間で三回も警察を呼ばれました。最後は近くにある警察署へ連れて行かれ、病院側からも、敷地内への立ち入りが禁止されました。

転院して向かった和泉市のアルコール依存症専門病院では、病棟にダンベルをもち込んで筋トレをしたり、病院のグラウンドの整備や芝生を植えたり、そんなことばかりをやってました。

アルコール依存症の自助グループにつながり、参加しに行ったりはしていましたが、周囲の入院患者さんと比べて、自分はまだまだ若かったし、何より非行行為として薬物を使ってきただけであって、「アル中」ではない！　酒は薬物がないときに仕方なく代替品として飲んだに過ぎない！　という気持ちが強くありました。

依存症を完全に否認していましたが、そもそも、狂いたくて、壊れたくて、使ってきた薬物でしたから、飲酒によってどんどん生活が破綻し精神的にもおかしくなっていくことも、それが、自分の望むところなのか、病気なのか、見分けられないでいました。

病棟で医師や看護師さんから、院内のアルコールのプログラムに参加するよう促されても、「過去を振り返ったって、そんなのは意味がない」「俺は酒をやめて、前に向かって生きていくから、後ろは振り返らない」みたいな言い分で、なかなか他者の言うことに素直に耳を貸すことはありませんでした。

二二歳か二三歳までに三回、和歌山にある断酒道場という酒を断つ施設に入所しました。

何かに挑戦したい気持ちはあったから、うまくそことつながることができ、道場での日々を送ろうとしました。

ところが、入所して少し経つと気が変わって退所したり、三回目の入所時には、そこで飲酒やシンナー吸引をしてしまい、強制退所となりました。

先ほどの和泉市のアルコール依存症専門病院へは二〇～二二、三歳まで、和歌山の断酒道場と代わる代わる計五回くらい入院しました。

入院中は、自助グループに通ったり、病院内の自治会で頑張って活動していた時期もありましたが、長続きすることはなく、少ししたら、外出時や外泊時の飲酒が始まりました。

病院で出されるシアナマイドという抗酒剤を飲んだふりをして、外出時に飲酒したりして、治療のために入院しているのに、必死で工夫して飲酒しようとしたのは、いま思うと滑稽な話でしかありません。ですが、当時は本気で頑張っていました。

和泉市の病院での生活では、大音量でラジカセから歌を流したり、看護師さんたちに偉そうにしたり。その半面、退院が近づいてきたら、不安というか、外に出ることへの心細さや淋しさから、みんなの見ている前で顔をタバコの火で焼いたりしました。

外泊時に飲酒とシンナー吸引をして、姉と母に連れられて病院へ戻ったときは、酔っ払っていたのもあるけれど、当直医の車をボコボコに蹴飛ばしたり、目の前に立ちはだかった看護師さんの顔面に頭突きして骨折させたりもしました。結局、夜中に当時の院長と主任が病院に来て、駆けつけていた刑事さんと大声で言い合った後、「医療で引き取る」という言葉のもと、近くにいた十数人の看護師さんに担がれて、保護室へと運ばれました。

保護室で、衣類を全て脱がされて、裸の状態でベッドに拘束されました。一週間くらい拘束され、その間に何回か、看護師さんが水差しで水分をくれました。

周囲は、今度こそは反省してやり直すものと期待してくれていたけど、拘束が解かれ、保護室から出された瞬間に、私はナースステーションに置いてあったシンナーを盗み、そのまま病院を飛び出し、地元に帰ろうとしました。その後飲酒して倒れ、救急搬送されていった記憶が残っています。

なぜナースステーションにシンナーがあったかと言うと、入院患者さんの名前をプレートに書く際にマジックインキを使用していたので、それを綺麗に消すためでした。看護師さんたちの用途はそうでしたが、依存症の私が目にしてしまうと、やっぱり自分では止められませんでした。

和泉市のアルコール依存症専門病院では対応が難しくなり、兵庫県にある精神科病院へと転院することになりました。初めて受診に行ったときは脳波検査やら診察やらを受けさせられ、診察室に戻ってきてからの記憶が全くありません。薄っすらと覚えているのは、目の前の医師から肩に筋肉注射を打たれたことです。意識がなくなっている間に強制入院となっていました。

話し合いもなく、騙されて強制的に入院させられたことで、かなり感情的になり、面会に来た母親と激しい口論をしました。

そのときに、初めて薬物依存からの回復を目指す薬物依存者の集まりであるNA（ナルコティクス・アノニマス）[*1]や、民間の薬物依存症リハビリ施設であるダルク（DARC）[*2]へ行ったりしました。

しかし、数カ月して退院した後は、またいつものように、簡単に飲酒してしまいました。

その後も高槻市にある精神科病院へ入院しましたが、入院患者の女性とイチャイチャしたり、おかしな格好で過ごしていたら、当時の主治医から、渡邊さんの病気がわからない、渡邊さんは病棟の風紀を乱すと言われて、半強制的に退院させられました。

高槻市の病院では依存症治療病棟ではなく、一般精神科病棟だったというのもあり、外出して飲酒したりしても、それを帰院後に看護師さんにおちゃらけて言ったりしていました。

高槻市の病院を退院している間に、自宅で飲酒とシンナー吸引をしていて訳がわからなくなり、手に包丁を握って、「死んだるわ！」と大声で叫び、暴れて妹と刺し合い寸前になったことがありました。大声で叫ぶ私の声を聞いて、妹は階下へ駆け下りてきました。私が手にしていた包丁を奪い、「そんなに死にたいんなら、私が殺したる！」と言って、手にもった包丁をこちらへ向けて、突進してきました。

そのときにはすでに、通報で駆けつけていた警官隊が自宅に突入していたので、すぐに私も妹も取り押さえられ、私は精神科病院へ救急搬送、妹は保護されて事態は終結となりました。

貝塚市にある精神科病院へ強制入院となりましたが、このときは、着ていた白っぽい服やズボンが、自らの自傷行為による血で真っ赤になっていました。

入院中、退院の話を母親にすると、母親は頑なに拒みました。今回のことで、妹は精神的に辛い状態になり、「お兄が家に帰ってくるんなら、私が家を出る」と母親へ伝えていたようです。

妹は幼い頃や不良の頃、一緒にシンナーを吸引したり単車に乗ったりしたこともあったくらい、私とどこかが似ていたからなのか、私がどんどん壊れ、落ちぶれていくのを見ているのが耐えられないと話したようでした。

そんなこともあって、なかなか退院はできませんでした。

精神科病院への入退院を繰り返すなかで、付き合っていた女性と、相手の親御さんから無理矢理別れさせられ、離れ離れになりました。閉鎖病棟のなかで、何もできない無力さに、本気で苦しくて、自らの腕を十数カ所、タバコの火で焼きつけたりしました。

退院後、他のクリニックの医師に話したら、「強迫性障害」と言われましたが、「あんなところにおったら、誰だってあんなふうになるやろ！」という気持ちしかありませんでした。

医師も諦めていたのか、「退院して、シンナーを吸って、疲れたら、また入院したらいい。入院して少しゆっくりしたら、退院して、またしんどくなったら、入院しておいで」と言っていました。

二十代で精神科病院への入院を繰り返すうちに、いつしか自分は外の自由な社会では暮らせない人間だと思うようになっていました。治療という名目はあったけれど、自分は社会にとって害を及ぼす人間で、社会にいられないから精神科病院の閉鎖病棟に閉じ込められているんだという気持ちしかありませんでした。

外での日々はかりそめで、夢から覚めたら、やっぱり俺はここにいる。俺はこちら側の住人。そんなことばかりを考えていました。

長く続いた精神科病院の閉鎖病棟での一日は、病室と廊下とデイルームだけ。目が覚めると、廊下を端から端まで歩いて、それを一日中続けるだけの日々。何でそうなったのかはわからないけど、病棟での食事は人の分までもらって食べ、洗面台で嘔吐して全て吐き出す、という行為を繰り返していました。毎日毎日、精神科病院のデイルームに佇み、鉄格子から外の景色を眺めるだけの日々が続いていました。

状態が悪いと言われ、いきなり保護室に入れられ、ベッドに拘束されることもありましたが、必死で抵抗しました。ベッドに拘束された人間の唯一の抵抗の術は、食事を食べない、舌を噛み切ろうとする、食事のお盆をもってきた看護師に唾を吐きかける。そんなことくらいしかありませんでした。

拘束中にはどうしようもない屈辱も味わいました。

抵抗の甲斐なく、拘束帯はさらに強く締められ、持続点滴で無理矢理、生を長らえさせられました。ビニール製のおしめをはいて、ブルーのビニール製のマットを敷かれたベッドに拘束されたまま、眠るだけの日々。大便も小便も、そこでしろと言わんばかりの対応。

当時の正直な気持ちを言えば、拘束が解ける状態ではない。でも、嘘でも気持ちは落ち着いた、良くなったと言わないと、拘束と保護室への隔離からの解放はない。

保護室から見えた看護師は、心もない悪魔のようだったし、自分自身は、いいように扱われる奴隷にしか思えませんでした。

医療保護入院時は、母親とコントロールし合い、支配し合う闘いでした。退院のためには母親を言い負かし、納得させなければいけなかった。母親も、自身の安心のためには、息子に精神科病院に入院していてもらわなければならない。本当にそれだけのために互いが互いをコントロールし合おうとしていました。

二十代の最後のほうは、飲酒をすると言っても、そんなに大量には飲めなくなっていました。親に金をたかり、その金で、せいぜい缶チューハイ三、四本を飲むくらいでした。

夜間帯になると、いつも、コップに水を一〇杯も一五杯も飲んで、飲んだ勢いで全て嘔吐しようとしていました。体温が下がり、こたつのなかでガタガタ震えて過ごす。昼夜を問わず、手にした精神科薬をボリボリ食らっていました。

精神科薬の服薬量が多くなるにつれ、立ったままでは、排尿ができないくらいになっていました。精神科病院のトイレでも、洋式の便器の上に、しゃがみ込み、ふんばってふんばって、三〇分ほどかけてようやく排尿するようになっていました。

二十代の終わり頃に退院して外の世界にいたとき、近くのＤＶＤ屋さんで窃盗をして、追いかけてきた店員さんを殴り、捕まりました。その際、精神科の入院歴があったため、精神科病院へ運ばれました。私の診察をした医師からは、「当たり前やけど犯罪」と言われました。「自傷行為があったから仕方なく入院はさせるけど、それは病気じゃなく、犯罪やからな」と。

自助グループとの最初の出会い

自助グループを初めて知ったのは、二〇歳で入院したアルコール依存症の専門治療病院でした。初めての入院の際も、一緒に入院していた人たちと、断酒会やＡＡ（アルコホーリクス・アノニマス）[*3]へ参加したりしましたが、自分にとってなくてはならないんだと思えるようになるには、長い歳月がかかりました。

アルコール依存症や薬物依存症と言われるのはわかるけれど、なんで自助グループへ行く必要があるのかわかりませんでした。自分の身に起きていることなのに、自分の手に負えないということが理解できていませんでした。

ミーティング場で、わかちあわれていた希望とかも、「そんな希望なら要らへんわ！」みたいに思ったり。飲んだりやめたりしていた頃は、本当にいい加減なもので、花びら占いみたいなことをして、行くか行かないかを決めたりしていました。この頃は、アルコールや薬物を心底やめたかったのかどうかもわからない状態でした。

依存症という状態

二〇歳でアルコール依存症と診断をされてから、精神科病院への通院・入退院と刑務所服役を経験しましたが、三三歳まで酒や薬物は止まりませんでした。

入退院を繰り返している間に、大阪市内のクリニックへ通院していた頃は、そばにあったコンビニで酒類を万引きしていました。捕まったとき、店員さんに連れられてクリニックまで行き、医師から救急車を呼ばれて、再度入院することもありました。酒や薬物が入っていたから、クリニックのソファで酔っ払ってフラフラになって寝ていたり、ダラーンとしていました。

その頃は、少しの間地域で生活を送っていても、朝からクリニックへ自転車で行き、終わったら帰宅するだけの日々。自転車のカゴには、いつも飲みさしの缶ビールや缶入りのシンナーだけがありました。本当に退屈で無目的としか思えない日々。唯一、楽しいと思っていたのが、シンナーを吸いながら、夜中に河川敷に行き、枯れ木を眺めながら、「花を咲かせる」と必死で念力をかけている瞬間くらいでした。

全てが幻視幻聴だったけれど、自分のなかで、なんとか楽しんでいるんだと思い込もうとしていました。単調で退屈な日々に飽き飽きして、スーパーマーケットで大量の蟹と酒を盗み、食卓に並べて、食の評論家気取りをしたこともありました。そうやって、なんとか生活は楽しんでいるんだと思いたかった。

シンナーはなくなるたびに、塗装屋の事務所を荒らしたり、その前に停めているトラックの荷台から盗んでいました。酒やシンナーが入ると、車上荒らしを繰り返したり、レンタルショップからCDやDVDを盗んで回っていました。

四六時中シンナーを吸っていたため、そのうちシンナーの効き目が弱くなってくると、そこにウイスキーを入れて、シェイクして、ラリったりしていました。

ときどき、そんな日常に疲れ、行方をくらませたい気持ちになると、飲酒だけでは一般病院に入院できないので、抗酒剤を飲んで飲酒するなどの工夫をして、入院したりもしました。

父親が亡くなったばかりの頃、父親の仏壇の前に座り、シンナーでラリりながら、タバコで顔を焼いて、苦しいと泣き叫んでいました。「こんなに苦しいから、酒やシンナーをしないと耐えられへん！」と母に詰め寄ったりしました。

父親が亡くなって家族みんながどうしようもない状態になっているときに、琵琶や座禅といった習いごとに走る母親を前に、当てつけのように、「俺らを裏切るのか」と罵ったりしました。精神科病院からの退院が決まって迎えに来た母親の、私の荷物のもち方が気に食わず、腹を立てて、すぐさままた飲酒に溺れました。

酒や薬物が止まらなかった二十代後半頃、自宅では一日中、大好きだった『フォレスト・ガンプ』の映画をずっと見ていました。シンナーを吸ったり酒に酔った状態で、五〇〇回くらい見ました。いつも、少年のガンプが足につけた装具を放り捨てて、自身の足で駆け抜けていく場面ばかり見ていて、妹から「お兄もそうなりたいんやね」と言われました。ただ、家で映画を見ていても、ストーリーが理解できないくらい酔っていて、いつも途中で断念したのが実際のところでした。

夕方頃に、意識が朦朧としたまま起き上がり、台所がある部屋へ走り込んで、椅子に座り込んだまま、エンシュアリキッドと大量の精神科薬を服用していました。体重は減少し、風の音が耳の奥から鼓動を通して、ゴーゴーと響くような感覚がありました。部屋のなかで突然倒れ、そのまま全身の力が抜け、起き上がることができない状態も、ずっと続きました。

その頃は、一二段くらいの階段を上り、階下を目掛けて何度も何度も飛び降りていました。階段の上から階下に落ちた際に、そのまま床を跳ねて、前にある部屋の壁を突き破ったりもしました。そのときのダイブで、左手の指を二本と、鎖骨と肩甲骨を折りました。

そのとき、自分が骨折していることにも気づかず、フラフラのまま河川敷に隠したシンナーを取りに行ったりしました。シンナーの一斗缶を抱えて帰宅する際に、またバランスを崩し、転倒しました。転倒の際、河川敷の石の階段に顔面を打ちつけ、歯が自分の下唇に突き刺さり、裏側から八針縫う大怪我をしました。

同じ頃に茨城のダルクへ入れられたこともありました。ダルクでの生活でも我を押し通して、結局は、大阪へ逃げて帰ってきました。慣れない集団生活に耐えられず、骨折のこととか、持病の精神病を大げさに話して、茨城の病院に入院。そのまま、大阪へ帰りました。

入退院を繰り返していた頃、精神科病院から外泊すると、地元の友だち一人だけが付き合ってくれました。でも「洋次郎は、また病院に帰らなあかんから、遊んだるわー」と哀れみをかけられていました。

友だちと遊びたいと言う割には、友だちを呼びつけては、梅田のナビオ（商業施設）まで車を走らせ、ひたすら、ナンパしていました。友だちを足としか思わない人間だったんだと、いまは思います。

自傷行為

初めての自傷行為は中学生の頃でした。後々まで続いた自傷行為だったけど、精神科病院への入退院を繰り返したり、酒や薬物を使っていた頃の自傷行為は、自分でもなぜそんなことをしているのかよくわからずにやっていました。

虚しさだけが続く日常において、酒や薬物を使って喜怒哀楽を得ようとしたのと同じで、一日中、何もすることのない暇や刺激のなさを解消するように繰り返した自傷行為もありました。

タバコの火でいくつもいくつも腕を焼いて、腕を焼くのにも飽きたら、今度は、顔を焼きました。リストカットではなく、ニッパーで、腕の肉を引きちぎるような自傷行為もやりました。

自分でも、なんでそうなるのか理由はわからなかったけれど、タバコの火で腕を焼き始めると、五個や六個の中途半端な数では止められず、一〇個なら一〇個、二〇個なら二〇個、区切りのいい数を焼くまで、自分では止められないでいました。それを強迫性障害と診断した医師もいたけど、真偽はわかりません。

また、シンナーを火で炙ればなかの液体が蒸発して上にあがってくるから、気持ちいいのではないかと思って火をつけた途端、引火したこともありました。

タバコで腕や顔を焼く自傷行為に飽きたら、今度は腕に灯油をかけて火をつけたりしました。火が燃え上がり、手の平や手の甲が燃えたのでビックリして、すぐに水道をひねり、水をかけて鎮火しました。

家の前を流れていた淀川に飛び込んだこともあります。自分で飛び込んでおきながら、飛び込む瞬間に、土手の上の釣り人を見つけておいて、溺れそうになったら、その釣り人に助けを求めていたり、本当にやっていることが無茶苦茶でした。

やりたくてやっていた自傷行為だったけれど、追い詰められるような気持ちから行うこともありました。「早くせな、早くせな‼」と。やらないでいると、やらなくても平気だったんだと人から思われるから、そうじゃないんだとわからせるために、追い詰められて、なんとか自傷行為をしていました。刑務所へ服役する頃は、自傷行為も激しくなっていました。

拘置所

三〇歳になる前、近所の塗装屋さんのシャッターをこじ開けてシンナーを盗み、警察に逮捕され、そのまま拘置所へ入所しました。初めての拘置所はわからないところだらけで、本当にビクビクしていました。

入所してすぐに入った教育房（拘置所に入った直後に生活の流れを教えるところ）では、いじめがありました。

入所前に骨折していた鎖骨や肩甲骨が拘置所へ入ってからも完治していなかったので、雑居房での生活は本当に辛かったです。同じ雑居房に入っていた人は、重罪で無期刑や死刑の間をいったりきたりしていました。その人に対して、怖い気持ちはあったけど、よくよく考えたら自分もそこにいるんだから、外の人たちから見たら、私もその人も同じようなもんなんだと痛感しました。

判決が言い渡されるまでの期間中ずっと、頭のなかは妄想でいっぱいでした。事実をひん曲げて、刑が軽く済んでなんとか出れないかなとか、そんなことばかりを妄想していました。

拘置所で錯乱したときは、鎮静房に入れられました。精神科病院のイメージしかなかったので、ベッドのある独房に放り込まれるんだろうと思っていたら、精神科病院の保護室よりも質素な、ビニールかゴムみたいなものが床一面に貼られた部屋でしした。

入所前にしていた腕の自傷行為がかなりひどくなっていたし、死んでしまいたい気持ちが強く、頭をタイルに打ちつけたり、顔面を何発も何発も殴打していたため、頭にはヘッドギア、両手首には鉄のプレートの腕輪みたいなものを取りつけられていました。

両手が身体の前で離れないよう、完全に固定されていたから、手を後ろに回したり頭より高く上げられず、硬い床の上を転げ回るしかありませんでした。

刑務所での服役

一度目の拘置所は執行猶予で釈放されました。しかし、一年も経たないうちに再び逮捕されて拘置所へ入りました。一度目の執行猶予中の犯罪だったこともあり、執行猶予取り消しで、一度目の執行猶予分と、今回の分とが併合された刑期を言い渡されて、そのまま、刑務所に服役しました。

逮捕されてから一番苦労したのは、服役前までずっと服用してきた処方薬が、留置場、拘置所、刑務所と移管されるたびに一旦途切れてしまうことでした。

逮捕されて留置場へ入る際は外で飲んでいた処方薬がもち込めず、刑事さんに連れられて留置場から精神科病院へ受診に行って、初めて処方薬をもらえたし、留置場から拘置所へ移管される際も同じで、拘置所で精神科を受診するまでは、処方薬が途切れてしまいました。拘置所から刑務所へ移管されるときも同じ。刑務所で精神科の受診を申し込み、診察を受けるまでは、一切の処方薬がない状態になります。

そんな状態だから、刑務所に入って最初の期間を過ごした考査生のときは独房での生活だったけれど、精神状態はめちゃくちゃでした。不安やイライラ、焦りとかがごちゃまぜになり、とにかく、ジッとしていられない。独房の狭い室内をしろくまのように、グルグルグルグル歩き回っていました。

何度も何度も報知器を鳴らし、刑務官に怒られても、それでも止められない。外からの攻撃のない独房にいながら、本気で「死ぬ！　いますぐ死んでしまう‼」という不安感のなかでパニック状態に陥っていました。自分の鼓動の音がうるさいくらいに聞こえたり、グラグラと痙攣発作みたいに揺れ動く身体の振動で、目をつむっても飛び起きてしまう。

そんな状態のなかを、なんとか処方薬なしで耐えるしかなかったのでした。

刑務所には三年服役し、その間に処方薬がゼロになりました。理由は、雑居房の同室の人間から「お前の目はずーっと、トロンとしている」とか「口が半開きやで‼」とおちょくられたりしたことがあったから。話をしていて、下を向くのを「お前は俺らの話をシャットアウトしているやろ‼」と言われたり、「はい、いまシャッター降ろしたな！」とか、いっぱいからかわれました。そんなことが続いたこともあって、ずっと服用してきた処方薬の量を半分くらいに減らすことに決めました。

半分くらいまで減らした処方薬が最終的にゼロになったのは、受診時に言われた医師の言葉がきっかけでした。

刑務所へ入る前もずっとそうでしたが、私は何かあるたびに「妄想が」と言うのが口癖になっていました。妄想が出ている状態は異常な状態なのだから、処方薬を飲んでなんとか落ち着かないといけない。妄想は、処方薬で落ち着かせるものなんだと、信じ切っていたのです。

しかし、そこで医師から言われたのは、「妄想、妄想と言うけど、それは妄想ではなく現実なのではないですか？」という言葉でした。

そのとき、本当にハッとしました。正常ではない状態だから、処方薬で消して楽になったら良いと思ってきたけれど、現実を処方薬で消してしまうのは、どうなんやろう？　そんなふうに思えてきました。それで、処方薬はゼロになりました。

ただ、刑務所へ入る前からずっと精神科薬や睡眠薬を服用していましたから、ゼロにした日からかなりの期間、寝られない日が続きました。一カ月後に再び精神科を受診したけど、その間、寝られない日がほとんどでした。

受診の際に、医師に「全然寝れなかった‼」と訴えました。でも医師から返ってきたのは、「だけど、そうやってでも、今日までやってこれたんですよね？」「今日までやってこれたんなら、大丈夫です‼」「このまま、精神科薬はなしでいきましょう‼」という言葉でした。

かなりの荒療治だと思いましたが、いま思えば、絶対に切れないと思っていた処方薬をゼロにできたのは、そんな治療法があってこそだと思います。自分ひとりに任せられていたら、絶対切れなかっただろうから、そういう意味では感謝しています。

服役中ひどかったのが、確認行為をやめられないことでした。

刑務所へ入る前の精神科病院入院中にも、確認行為がかなりひどくなったことがありました。

相手にどう思われているのかを探るために、入院中の患者さんみんなと握手をして回ったり、挨拶したりすることが、自分で止められなくなっていました。何度も同じことを繰り返し、相手にキレられたりしても、自分ではどうすることもできませんでした。

同じことを刑務所でもやり始め、何度も嫌がられたり、「やめろ！」と言われました。ラジオから流れる曲を聞いて、何となく知っていると思っても自分の勘を信じられず、「歌っている歌手は誰？」と聞いてしまったり、テレビ画面に映った芸能人を「誰？」と何回も聞くものだから、みんなからはしまいに、「そんなに気になるんやったら、覚えるためにノートに書けや！」と言われたこともありました。

最後は、ミスタードーナツのドーナツの名前が気になり出し、最終的には土下座までして教えてもらおうとしていたので、同室の人から「お前は土下座をそんなに軽くするんか‼」と本気で怒鳴りつけられました。ただ確認するためだけに、いくら「やったらあかん！」とか、「やったら怒られる！」と思っていても、自分では止めらないのが、本当に本当に苦しかったです。

刑務所で服役した約三年間のうちの一年半は雑居房で、残りの一年半は独居房での生活を強いられました。

雑居房での集団生活では、本当に辛い思いや苦労をたくさんしました。生まれ育った生活環境や習慣の違う人たちのなかで、やれ、トイレの使い方や流し方が悪いと怒鳴られたり、やれ、食器の洗い方が雑だとか遅いとか、本当にいろいろないちゃもんをつけられました。

また、同室の者同士で賭けごとをすることも頻繁にありました。ＮＨＫの大相撲とか、日曜日の昼間にやっていた『のど自慢』とかで、パンに塗るマーガリンやチョコクリームを賭けていました。みんながしているのに、一人だけ参加しないと言うと、「なんやお前‼」という空気になり、「マーガリンやチョコクリームが取られるのが嫌なんか！」「乞食か！」みたいに笑われたり、「お前、チンコロ（刑務官への告げ口）するやろ！」と言われたりしました。当然、賭けごとは懲罰の対象なので、やりたい訳がないのだけど、やるしかない状況でした。また、同じ部屋の人間が不正な手段で衣類を洗濯したり、頭を洗ったりする際に「見張りをしろ！」と言われたりもしました。

雑居房で、いつもああでもない、こうでもないといちゃもんをつけてくる人と揉めたことがありました。同じ部屋にその人の弟分が二人いて、兄貴分を慕う二人は、私が兄貴分を怒らせたという理由で殴りかかってきました。何発か殴られている途中で、廊下にいた刑務官が喧嘩に気づき、非常ベルを押しました。

何十人もの刑務官が一瞬で集まってきて、私や殴りかかってきた人たちはそのまま連行され、取調室へ連れて行かれました。相手がどうなったかはわからなかったけど、私は、狭い取調室に放置されたままになりました。殴られた頭部の痛みを堪えながら、刑務官が部屋に来るのを待っていました。

刑務所では、どちらに非があるかに関係なく喧嘩両成敗で、私も取り調べの後、懲罰を受けました。その際、精神的に混乱してしまい、手元にあったボールペンを振り上げ、自らの腕を何度も何度も、ズボ‼　ズボ‼　と突き刺しました。

近くにいた刑務官に自傷行為が見つかり、そのまま数人の刑務官に担がれて鎮静房へ連行されました。自傷行為があったため、懲罰が解けた後もそのまま、独居房へ入れられていました。

母親は定期的に面会に来てくれました。ただ、刑務所での生活にかかるお金の話や、出所する際に引き受け人になって欲しいという話をすると、途端に表情が変わったり、ときには口論になり、いくら引き止めようとしても、面会室の裏口から振り返りもせずに帰って行きました。

手の届くところなら、無理矢理にでも引き止めたかもしれないけど、それさえできない環境で、胃の辺りがギューーッと締めつけられるような苦しさや辛さが込み上げたり、胸の奥が掻きむしられ、気が狂いそうになりました。

ときには、悔し涙でいっぱいになったこともありました。母親が引き受け人になってくれたら、仮釈放されるという考えだったので、それを拒絶されることは私にとって本当に苦しいことでした。母親がどんな気持ちで帰って行っていたのかなんて少しも考えようとせず、いつも自分の心配ばかりをしていました。

ときどきだけど、そうやって私に会いに来てくれた母親。そろそろ面会に来てくれるかな、と考え、刑務官から「五〇六番、面会や！」と言われるのを心待ちにしていました。

実際、面会室へ行き、母親の顔を見た瞬間は嬉しくて仕方ありませんでした。ただ、五分、一〇分と、時間がたち、「面会終了‼」となって、母親が裏口から消えていくときの淋しさは堪らなかった。

ある時期から、そうやって楽しみにするから、面会が終わった後、余計に辛くなるんだ。最初から、気分をめいっぱい上げなければ、気分が下がるのもそれほどじゃない‼　結局、そうやって心待ちにすればするほど、その後の落胆は大きくなる――そんなふうに感情の起伏をなるべく少なくして、極力凹んでしまわないように心掛けるようになりました。

母親の面会に限らず、どんな楽しみだって、嬉しいことだって、それが終わるときはくる。終わったときに、気持ちが沈んでしまわないために、本当は楽しみだったり嬉しいことでも、そう思わないようにしていました。「結局、辛くなるのは自分なんやから！」という気持ちしかありませんでした。

誰もいない独居房で

私が入った独居房には二四時間カメラが回っていて、物品規制で日用品等のもち込みも禁止されていました。洋式トイレが部屋の端にドンとあるだけの狭い独居房で、残りの一年半の刑期を過ごしました。

朝、目が覚めるたびに、あーあ、出所まであと何日あるんだろう、と絶望感でいっぱいいっぱいになっていました。

これまでは、精神科病院に入院させられても、留置場に拘留されても、どこかで、自分に酔っていました。苦しい境遇の自分自身に浸ってました。

誰もそばにいない状況になって初めて、見てくれる誰かがいるから自分や感情に酔う行為が成立するんだと思いました。一人では余りにも虚し過ぎて、自分に酔いしれることさえ、アホくさく思えてきました。

刑務所へ入ってすぐの頃は、歌手の絢香や平原綾香の曲がラジオから流れていました。それを聴くと、目の前にいない家族や友人への疑いや嫉妬が生まれました。そのたびに、この感情は社会にいるアイツらが俺に感じさせるんだと思っていました。いや、必死でそう思おうとしたんだと思います。

私が生きている刑務所での時間の流れとは全く異なる暮らしのなかに生きているみんなのことを、そのままに見るのが怖かった。自分がいない状態で社会のなかに生きている家族や友人が変わっていってしまうのを見たくなんてなかった。

だから、「アイツらが俺を裏切る‼ アイツらが悪い！」と必死で自分に言い聞かせてました。疑いや妬みの原因になるような事実は目の前にはないのに、自分のなかで信じたり疑ったりが繰り返されることにビックリしました。

だけど、そんな自分を認めざるを得ませんでした。同時に、信じ抜くことが、どれだけ怖いことなのかも、思い知りました。

クリスマスが近づいたある日、独居房に流れるクリスマスソングを聴きながら一人、神様に祈りました。それが、何の神様なのか、サンタクロースなのか、わからないけど、とにかく祈り続けました。

自分は刑務所にいる人間であり、罪を犯した加害者。「そんな奴が何言うてるねん‼」と思うかもしれないけれど、本当に、救われたくて祈り続けました。

自分たちが傷つけた被害者の人たちの心が救われますように。

加害者を憎み、苦しみ続ける心から、解放されますように。

まず、ここに服役している私だけではなく全ての受刑者たち、日本中、世界中に生きる罪を犯した者が救われるよう、祈り続けました。

次に祈ったのは、物理的な不自由から解放されて自由になれることではなく、魂の解放。闇のなかに落とした魂が救われることでした。

たとえ、茨の道であっても、そこに光をかざしてください。

導きを示してください。

自分自身の道を生きることが、魂の救いにつながるんだと感じられました。

そのために、祈り続けました。

雑居房で同室の人間に殴られて鎮静房に入り、その後に自傷行為をしたことで独居房での生活を強いられたけれど、そのおかげで、週に一度、心理のカウンセリングを受けさせてもらいました。カウンセリングの内容はいろいろでした。一年半の期間ずっと受けさせてもらったので、百回以上、カウンセラーに時間をつくっていただきました。それ以外は独居房で一人きりの生活を送っていたから、そうやって話ができる存在、話を聞いてくれる存在があったことはとても大きかったと思います。話を聞いてくれた人がいたから話ができたし、話したいと思うことで、自分のなかでいろんなことが整理されていったと思います。

独居房のなかで、振り返りが続き、思考が展開、進展していったのは、やっぱり、話し相手となる存在があったからだと思っています。

カウンセラーから言われたことで、いまも覚えている言葉があります。父親を見殺しにしたり、大切だった人たちを苦しめて生きてきた自分を責めて責めて、どうしようもなかった私に対してかけてくれた言葉です。

「あなたを許せるのはあなたの神様とあなた自身しかいない」

カウンセラーから発せられたその言葉に、気がついたら、声を出して泣いていました。

そうだったんだ。

私は、ずっと自分を許せないでいました。本当は許してあげたかった。受け止めてあげたかった……。愛してあげたかったのに……。

誰からも許されないと思ってきたけれど、自分を許すか許さないかは自分が決めている。

自分を許せるのは、自分だけ、自分しかいない。

本当に、ハッとしました。

刑務所のカウンセラーとして、適切かどうかはわからないけど、泣いている私を、そのカウンセラーは、静かに抱きしめてくれました。

抱きしめられた温もりのなかで、私は大声で、ワンワン泣き続けました。

私は幼い頃から、自分のアトピーの身体を汚い・醜いと、蔑み、忌み嫌ってきました。数々の自傷行為で自らの身体を、殺してしまえ！　消えてしまえ！　と傷つけてきました。

刑務所での生活にいろいろケチをつけてきたのに、この身体は文句一つ言わないで、物をもったり、動いてくれたり、生きるために働き続けてくれていました。本当に頑張って頑張って動き続けてきてくれたんだと思ったとき、本当に心から、「ごめんなさい。そして、ありがとう」という気持ちが込み上げてきました。そんなことを、刑務所の独居房生活で不意に感じたのです。

雑居房での一年半はあっという間に過ぎ去っていたけど、独居房での一年半はとても長く感じました。その間、毎日独り言がひどかった。一日中、朝から晩まで、一人で話し続けていました。そして、さらにその独り言の内容を頭のなかで項目ごとに分けて記憶して、ノートが使える少しの時間に、全てを書き連ねていきました。最終的に、ノートのページにして六千ページを書き切り、さらにその六千ページの文書を外にもって帰るために、全て清書として書き写していきました。

独居房で一人迎えた新年。

年末年始にかけて、ラジオが流れていました。

『ゆく年くる年』の番組から聞こえてくる除夜の鐘の音。胸の奥がむず痒く、掻きむしられるような不安感と焦燥感、強烈な恐怖がありました。

私は刑務所での日々を送っているけれど、外の社会では、同じようにみんなが懸命に生きている。ごめんなさいを伝え損ねたたくさんの人たちがいる。ありがとうを伝え切れないままになっているたくさんの人たちがいる。

なのに、時は、前へと向かって流れ続けている。

私の人生も、みんなの人生も、ともに前へと推し進めていく。

何もできないまま、過ぎ去っていく日々。

変わり続ける全てのあり方。


刑務所に来て、三年が経とうというとき、長いようで短かったこれまでを振り返って、「あー、これを一〇回繰り返したら、俺が生まれてからの歳月と一緒なんや。あー、あとこれを一〇回、二〇回したら、俺も死んでいくんやろうなぁ～」とふと思いました。

そして、「お母さんが面会に来てくれるひと時を一生分かけても、たかだか、数時間なんや。きっと、死も今日みたく突然やってくるんや。今日みたく後悔まみれでその日を迎えたくない……」という思いが湧き上がりました。

私が一年半入っていた二四時間監視カメラが回っている舎房には、他にも三〇室くらい独居房が並んでいました。私は端から二番目の独居房にいたけれど、端から三番目までの三室は、頭のおかしな奴が入っている部屋と呼ばれていました。実際に、夜中に騒音を立てたり、奇声が上がったりしていました。

数名の刑務官に連行されていく受刑者がいたり、なかには、受刑者が「制止」の名の下に刑務官に殴られている光景を見たこともありました。大袈裟ではなく、本当に死人に口なしやと痛感しました。

原因がなんであれ、刑務官に殴り殺されたとしたらその事実を明らかにすることは叶いません。その事実を明らかにできる人はいません。

生まれて初めて、殺されるかもしれないという恐怖を覚えました。

死はいつも、ここにある。死を通して、何もかもが変わり果て、失われていくことを考えると、泣き叫びたいくらい、怖くて怖くて堪らなかった。

胸の奥がぐちゃぐちゃに掻きむしられるほどの恐怖のなか、それでも、生きるしかない。

どこまでも走り続けたいくらいの衝動が込み上げている。

発作のように、湧き起こる全ての感情を抱きながら、それでも自分に許されているのは、目の前にある現実を受け入れるだけ。目の前の現実を生きるだけ。受け入れるとか受け入れないなんて選択肢はない。

現実を認めようと認めまいと、そんなことは、自分のなかだけで思っていること。

結局は、受け入れて、生きていく他ない。

「ごめんなさい」を言いたかったんなら、いま言わなきゃ‼

「ありがとう」を伝えたかったんなら、いま伝えなきゃいけない。


自分がいつか必ず死んでいくことや、みんなもいつか必ず死んでいくことを考えて、怖くて堪らなくなりました。

怖くて怖くて堪らなかったけど、そのとき、生まれて初めて、腹が決まりました。

死を前に私は生きるんだ。


死がいつもここにあるからこそ、私は生きるんだ。

死が怖くて堪らないから、その日が来たとき、少しでも自分が苦しまないでいられるために必死で生きるんだ。

私のなかで生きる覚悟が定まった瞬間でした。

独居房の灰色の壁にもたれてうずくまり、顔を上げて、目の前の壁を見つめていたら、私の目の前に急に心臓が現われました。まるで、目の前にあるようにその存在をハッキリと感じたのです。目の前の心臓は、トクン、トクンと鼓動を打っていました。見つめているうちに、私のなかに温もりが込み上げてきました。その心臓の温もりに触れているだけで涙が止めどなく流れました。それは本当に、愛おしくて堪りませんでした。

ずっと命を粗末にしてきました。いままでは、「命なんて大切じゃない。俺がここにいるのは、おとんとおかんがセックスして、たまたま生まれただけ。望まれて、生まれてきた訳じゃない。こんなに、ひどい人間。醜い人間。こんな自分なんて死んでしまえばいい」と何回も自分を傷つけてきました。もう、死ぬも生きるも、自分が決めたらええ。まるで、命を自分の手中にあるもの、自分でどうこうできるものだと思っていました。

だけど、そのときに感じたのは、確かに自分のなかにあるんだけど、自分の意思とは別の次元の何かの力によって、生かされて生きている命だということでした。どんなに、自分から罵られても、どんなに、自分から死んでやると傷つけられても、命は、ただただ生きようとその鼓動を打ち続けてくれていた。脈を打ち、懸命に生きようとしていた。

本当なら大切にされるはずの自分から、忌み嫌われ、とことんまで傷つけられてきた。なのに、命は、ただただ生きようとしていました。

いままでは、誰も私のことをわかってくれへん‼ 誰も信じたり、受け入れてくれへん‼ と言い続けてきたけど、本当に受け入れたり、信じて受け止めて欲しかったのは、自分自身からなんやと思いました。そのままを信じて、生きようとして欲しかったのは、他の誰でもなく、自分自身からだったんだと。

そのとき、生まれて初めて、変わりたい、自分の生き方を変えたい、と思いました。

いままでも、「変われ‼」と言われてきたけど、変わるなんて受け入れられなかった。何度となく、人から、「生きろ！」と言われてきたけど、意味がサッパリわからなかったのです。「そのままの心臓じゃあかん！ もっと強くならな！」「もっともっと、大きく強くならな‼」と必死でした。

アルコール依存も薬物依存もそうでしたが、虚勢を張ったり、卑屈になったりするのも、「このままじゃあかん‼　このままじゃ生きていかれへん」と思い続けてきたからです。そのままの自分を、「こんなんじゃあかん！」と卑屈になったり、虚勢を張って生きてきたけど、本当はどうしようもなかった。等身大の自分で生きる勇気が自分にはなかったです。

これまでは、ずっと、「あかん」と言われても、「それは、社会のルールや常識やからやろ！」という考えでした。でもそのとき、自分自身から、生まれて初めて変わりたいと思えたのは、「これまでの生き方は、自分自身に対しての過ちなんや」と思えたからです。

「自分自身のために変わりたい！」そう思えたのは、望まないのにそんなふうにしか生きられなかった自分の側にあった過ちに気づいたからでした。愛なんて自分のどこにもない。愛なんて、誰のなかにもなかったやろ、と思い続けてきましたが、実は自分のなかに愛があったことに気づいたのです。それまでは、愛がないのをいいことに、何をしたって構わないと決めつけて生きてきたれけど、実は愛があった。愛が自分のなかにあった。

そう思えたとき、愛がないことを前提に成立させてきた自分の生き方が、根底からひっくり返されました。ここかしこに愛があったんだと思えたとき、私のなかで私の人生の意味合いが変わりました。自分の思い続けてきた全てが逆恨み、空回りでしかないんだと納得できたのです。涙のなかで、抱きしめていた温もりこそが、ずっと求めてきた愛なんだと思いました。

いままでは、誰かから「小さい」とか「弱い」と言われるのが嫌で必死でいたけど、自分自身のなかに愛を感じたとき、たとえ、誰かから「弱虫」と罵られても、「悪い奴や」と笑われても、自分だけは笑わないでいたい。そのままを信じて、受け止めてあげられる自分でいたい、と心の底から思いました。身の丈、等身大で生きたいと生まれて初めて思いました。そして、たとえ空回りでも、逆恨みでも、この二〇年ちょっとを必死で生きた自分のために泣いてあげよう。たとえ、それが逆恨みでも空回りでもいい。報われたものになるために泣いてあげたい。そう思いました。

注

1　ナルコティクス・アノニマス（NA）：薬物依存からの回復を目指す薬物依存者（ドラッグ・アディクト）の、国際的かつ地域に根ざした集まり。二〇一六年現在、世界一三九カ国以上で毎週六七〇〇〇回を超すミーティングを行っている。
参考：ナルコティクス・アノニマス　日本　ホームページ（https://najapan.org/about-na）

2　ダルク（DARC）：ダルク（DARC）とは、ドラッグ（Drug＝薬物）のD、アディクション（Addiction＝嗜癖、病的依存）のA、リハビリテーション（Rihabilitation＝回復）のR、センター（Center＝施設、建物）のCを組み合わせた造語で、覚醒剤、有機溶剤（シンナー等）、市販薬、その他の薬物から解放されるためのプログラムをもつ民間の薬物依存症リハビリ施設。
参考：全国ダルク　ホームページ（http://www.yakkaren.com/zenkoku.html）

3　アルコホーリクス・アノニマス（AA）：様々な職業・社会層に属している人びとが、アルコールを飲まない生き方を手にし、それを続けていくために自由意志で参加している世界的な団体。AAのメンバーになるために必要なことは、飲酒をやめたいという願いだけ。会費や料金は必要ない。
参考：AA日本ゼネラルサービス　ホームページ（http://aajapan.org/）

第3章　リカバリハウスいちごとの出会い

出所後

刑務所を出たとき、服役中に父方の祖母が亡くなったことを聞きました。服役中の私が精神的に不安定になるのを避けようとした、母親の配慮でした。

二〇〇九年二月二十一日の早朝に、大阪刑務所から釈放されました。出所してから、リカバリハウスいちご（以下、「いちご」）に行く予定でした。刑務所で服役していたときも、「いちご」の施設長の佐古さんが、何度か手紙を送ってくれたり、面会に来てくれました。「刑務所を出てから、ちゃんとやっていくんなら、『いちご』に通うことも視野に入れて、一緒に考えていきましょう」

と言ってもらっていました。

仮釈放は、母親が引き受け人になれず、また、更生保護施設は、出所後すぐに働ける人でないと引き受けられないなどの理由があって、過去に精神科入退院歴のあった私では難しいようでした。

母親とは、これまでのこともあったので、離れて暮らすことが決まっていました。

ありがたかったのは、刑務所服役前からお世話になっていた精神科病院の主治医が、私の障害者手帳を継続していてくれたこと。出所後、すぐに、大阪市営地下鉄やバスの無料乗車証を使うことができました。また、出所したその日に受診ができるように、主治医と母親が話し合って調整をしてくれていました。

生活保護を受給する方向で、話が進んだけれど、生活保護の申請をするためには、住んでいる家とその住所が必要でした。

家を確保するための費用や生活保護がもらえるまでの期間、住む場所が必要だったので、母親が、入居費や家賃、それと、ビジネスホテルでの宿泊費を工面してくれました。

そういったいろいろなかたちでの支援があったおかげで、なんとか、スムーズに刑務所から地域生活への移行が進みました。

受け入れられなかった「関係性の移行」

しかし、いざ「いちご」へ行ったら、服役前に通っていたときの「いちご」とは雰囲気が変わっていました。建物は昔と一緒でしたが、内装や部屋の仕組み、作りが大幅に変わっていました。通ってきていたメンバーさんたちの顔ぶれも知った顔はあったけど、知らない顔もたくさんありました。

自分のなかに、刑務所にいたことへの劣等感や、置き去りにされているような不安、焦り、嫉妬心が強烈にあったから、他のメンバーさんに腹が立ったり、やっていることが気に食わなかったりしました。そのとき、以前から関わってくれていた佐古さんにいろいろと思うことを伝えましたが、それに対しても、昔とは違ってとてもきついことを言われた気がしました。「あなたが変わらないと『いちご』ではやっていけません。『いちご』で、やっていくんなら、自分を変える努力をしてください」と。

私にとって、佐古さんは、自分を受け入れてくれる存在。おかしさや弱さを受け入れてくれる存在だと思っていたから、自分に対してダメ出しされたのが我慢できませんでした。途中、主治医にも入ってもらいながら、いろいろ話し合ったけれど、私には受け入れることが難しかったです。

そのとき主治医からは、「関係性の移行」だろうと言われました。昔の私と佐古さんには、小さな幼児と、(全面的に自分を受け入れてくれる)保母さんのような関係性とコミュニケーションがあったけど、「洋次郎君が刑務所生活で成長した分、関係性も移行し、小学生とか中学生と担任の先生くらいの関係性になっているんじゃないのかな」と言われました。いまなら、大切なプロセスなんだと思えると思うけど、そのときは、関係性が移行していくという事実を突きつけられて、拒否や拒絶を感じてしまい、感情が乱れてしまいました。

結局、佐古さんとは、口論・喧嘩となり、「『いちご』なんて、やめたるわ！」という気持ちになりました。そして、そのことをきっかけに、私は簡単に一杯の酒に手をつけました。その際、佐古さんに対して、自分の気持ちを正直に話しました。かなり、感情的になり、ひどい言葉も吐き捨てました。しかし、そこで佐古さんから言われた一言に、ハッとさせられました。

「やっと、正直になれたんですね」

それまでにも、いろいろな嫌なことや悔しいことはあったと思います。だけど、自分の気持ちに正直になり、それを言葉にしてしまったら、自分がそこから離れなくてはならない。そのことがわかっていたから、どうしても自分の気持ちに正直になれなかったんだと認めることができました。

自分を守ってくれる存在から離れることは、一人で生きていく不安を自らのものとして引き受けることに他なりません。逆に言うと、その不安を見ないで済むように、嫌な気持ちや悔しい気持ちがあっても正直になれない。正直に認められないでいたのだと思いました。

人に振り回される自分を変えたい

結局、施設長との衝突があって飲酒をしてしまい、「いちご」への通所は断念せざるを得なくなりました。その際に、強く感じていたのは、酒をやめたいとか薬をやめたいとか、そんなことよりも、自立したいということ。相手が悪いのではなく、人の態度や感情を過度に気にして巻き込まれ、どうにもならなくなってしまう人任せな自分、振り回されてどうにもならなくなる自分を変えたい気持ちで一杯になりました。

とにかく、断酒会やAAなどの例会やミーティングに何でもいいから通い続けました。辛い気持ちや情けない気持ちが掻き消されるくらい動いて動いて、必死で歩き続けました。

それまでの私は、振り回されている相手に「俺は酒を飲んでいても幸福なんだ！　俺は楽しんで生きているんだ」と見せつけたかったのに、実際に酒を飲んでいる自分がどんどんどん落ちぶれていくことにショックを受けていました。ダメージを与えたかった相手は、笑顔でピンピンしているのに、自分だけが打ちのめされていく事実を突きつけられた気持ちでした。

変わるための行動の動機は、そんな気持ちから生まれました。そして、飲まないための行動が取れるようになった日から、酒が止まりました。

刑務所を出てから、生活保護を受けていたので、とりあえずの衣食住は確保させてもらい、ミーティングへ参加するためにかかった交通費なども、生活保護の移送費から出していました。そのことは大きかったです。

主治医には、愚痴とも泣き言ともとれる言い分を、たくさん聞いてもらいました。話したり、聞いてもらったところで、根本的な解決にはならないけど、主治医に一つひとつを吐き出せたことで、自身の現状を受け入れていくことができていました。

それからも、必死でミーティングへ出続ける過程のなかで、「いちご」へは一切近づかないでいました。「いちご」の建物へ行き、職員さんやメンバーさんたちと会えば、絶対に感情が揺れ動き、混乱するのがわかっていたから、自分の生活を守るためにそのことを徹底しました。
それが、ちょうど三三歳の頃。刑務所を出て、しばらく経った頃でした。

自助グループに通って

私が、自助グループを知ったのは、このときよりも十年以上前でした（五二頁を参照）。二〇歳で自助グループと出会ったときは、その大事さがわかりませんでしたが、いろいろな意味で異なる自助グループの姿やそこに集う仲間たちに出会えたことは、後から振り返ってみると本当に大きかったです。

酒が止まって三カ月くらいした頃に、とある自助グループのミーティングで出会った女性と付き合うようになりました。彼女とは、それから三年くらい関係が続いたけれど、最終的には破綻しました。彼女とはいろいろなことがあったけど、いまはそのこともプラスに捉えられています。というのも、ミーティングへ通い始めて、ある程度した頃には、飲酒欲求がだいぶんおさまっていたので、ミーティングへ行く足が遠のいても、おかしくなかったと思うからです。

それでも、彼女との関係が苦しかった分、その苦しさをなんとかするために、ミーティングへは行くしかなかった。私の行動が止まらなかったのは、彼女のおかげとも言えるのです。

酒が止まって、一年くらいが経った頃から、自助グループの一員として、加古川刑務所や更生保護施設・和衷会へメッセージミーティングをしに行くようになりました。その活動を通して、日本中の自助グループのメンバーとも出会いました。

私はその頃もまだまだ古い価値観をもっていて、いわゆるパワーゲーム（力の張り合い）みたいなことを無意識でしてしまう癖がありました。

思えば鑑別所や少年院へ入っていた頃も、なかにいる人や同室の人に対して、「小指はあるか？」とか、「入れ墨を入れているか？」とか、「今回の入所は、何回目の鑑別所なんか？」「何回目の少年院なんか？」ということばかりを気にし、そんな部分で「自分より、強い奴や！」とか「悪い奴や！」という判断をしていました。

私は大阪で自助グループにつながったけど、それまでは、なかなか、「自分以上の経歴」をもっている仲間と出会いませんでした。それは単に私と同じように、若い頃に精神科病院に入院して自助グループにつながったとか、何十回も入院しているとか、それだけのことなのですが。

日本中のいろんな仲間と出会っていくなかで、いまでもハッキリと覚えているのが、二人の仲間。静岡の仲間と、東京の仲間との出会いは、私にとって、とても大きかったです。

彼らは、私が言うのもおかしな話ですが、問答無用で、自分よりひどいと思えた「アル中」でした。過去の経歴を聞いたら度肝を抜かれるほどなのに、彼らのいま生きている姿や、仲間たちとの話し方や仕草は、とても過去にそんなふうに生きていた人間には見えず、信じられないものでした。

私自身も人によく言われますが、人は変われる。

私にとって、彼らとの出会いは、人は人のなかで変えられるんだということを実感した体験でした。

いまの自分の生活への疑問

それからも、とにかくミーティングに通い続けていましたが、三年半くらいが経った頃から、少しずつ、一日中ミーティングに通い続けている自分の生活に、違和感を覚え始めました。

とりあえず、ミーティングに通い続けることで、アルコールや薬物は止まっていたけど、「いま」がどこにあるんやろう？　という、ミーティング歩きが全てだった自分の生活に対しての違和感でした。

朝起きて、昼のミーティングへ向けて出掛けて行く。

昼のミーティングでは、その後に行く夕方のミーティングのことを考え、夕方のミーティング中も、夜に行くミーティングのことばかりを考えていました。

頭のなかは、常にこの先のことばかりを考えていて、一体「いま」がどこにあるん?? というふうに、どこにいても常に、心ここに在らずの状態になっていました。

ミーティングへ行くのは大切なことですが、ミーティングが好きになり、行くなと言われてもそれだけを続けている生活を送り続けるのは、果たしてどうなんやろうか? という気持ちになりました。

好きなことばかりをやっている自分に対して、本当にこれで良いんやろうか? という違和感を抱いていたのです。

確かに、ミーティングへは一日に三、四回行っていたけれど、毎日起きるのはお昼前。社会の流れからずいぶん遅れている自分の現実を、そこで目の当たりにしました。

それが、刑務所を出て、ミーティング歩きを始めた日から、三年半か四年が経った頃でした。

再びリカバリハウスいちごに通う

それまでは、ずっと近づかないようにしていた「いちご」でしたが、そのことをきっかけに再び通うことにし、提供するサービスを利用させてもらおうと思いました。

とりあえず、一旦、昼間のミーティングはなしにして、とにかく毎朝「いちご」に行って、夕方帰る。ミーティングへ行きたいなら、夜の時間に行く。そのことを、いまの自分が向き合う課題だと思いました。

他者や周囲から言われた課題ではなく、自分自身が導き出し、納得していたので、主体的、自主的に自分自身の課題として向き合い、取り組むことができました。

「いちご」へ通い始めて、まずは、同じように通所しているメンバーさんと関わり、ともに過ごすことにしました。ここで、「いちご」に通ってくるメンバーさんに声をかけようかとか、何か手伝えるなら手伝おうかとか、とにかく自然と自分のなかに気づきが生まれてくれたから、それに沿って自分の行動を考えていました。

通所していたある日、朝の清掃やラジオ体操の際に、とても嫌なことがありました。くじ引きで掃除をする場所が決まるのですが、私は、窓拭きの掃除が当たったので、布巾で窓を拭いていました。外に出て、外側から窓を拭いていたら、なかにいた人たちがラジオのスイッチを入れて、ラジオ体操を始めようとしていました。「まだ掃除をしている人間がいるのに、終わった人たちだけで、先にラジオ体操を始めるんか？」という気持ちになりました。

腹が立って、文句を言いたかったけど、そんなことで文句を言うのがかっこ悪い気がして、黙っていました。

ラジオ体操が始まり、みんなが身体を動かしていたけど、なんだか混じるのが悔しくて、ラジオ体操が終わるまで一人で窓を拭き続けました。

ある程度、窓拭きが終わってから室内に入り、ラジオ体操の曲をかけたスタッフに、「まだ、掃除をしている人間がいるのに、先にラジオ体操をスタートさせるのはおかしくないか？」と文句を言ったら、相手から返ってきたのは、「気づいたのなら、なかに入ってきて、あなたも参加をしたら良かったのに！」という言葉でした。

その言葉に対して、なんだか、「あんたの問題を俺のせいにするのか？」みたいな気持ちになり、悔しくて堪らなくなりました。

そのまま、「いちご」を飛び出して、そばにある大和川の河川敷を走り続けました。途中、ボロボロと涙が込み上げ、溢れてきました。河川敷を走っている間中、ずっと泣いていました。涙のなかで、私がこの悔しさや辛さをわかって欲しかったのは、誰になんやろう？　と考えました。怒りや悔しさがあったのは嘘ではないけれど、本当は自分のなかにも、ラジオ体操をみんなとやりたかった気持ちや、一生懸命、窓拭きをしていた気持ちがあったのではないか。そして、それを蔑ろにされたような気がして文句を言ったけれど、本当に伝えたかったのは、文句ではなく、自分のなかにあった「自分は蔑ろにされたんやろうか？」という気持ちでした。

そのことを伝えずに、表面的な文句を言ったのなら、それは自分の側の過ちなので、きちんと謝罪をしないといけない。謝罪をして、埋め合わせをしていかないといけない。

そう、思えたとき、自分のなかには、とても爽やかな風が吹いていました。

実際にそのスタッフに対し謝罪をしたら、相手もそこまでは考えていなかったことがわかってきて、自分のなかから、わだかまりが消えていきました。

全国の自助グループの仲間たちとは、みんなで連れ立って高知や静岡、九州、関東、東北へも行きました。年齢や生活環境の異なるいろいろな仲間と出会いました。人の暮らしだけじゃなく、その土地その土地により、いろんな習慣や考え方があったり、自助グループは本当に多様な人たちの集まりなんだと感じ始めていました。

アルコールや薬物が止まって六年くらい経った頃には、横浜で開催された自助グループの周年行事にも、実行委員として関わることができ、本当に貴重な経験をさせてもらいました。

「いちご」に通い始めた頃は、とにかく、決まった時間に「いちご」に行き、決まった時間までは「いちご」にいることを自身の課題として取り組みました。「いちご」内で内職をやったり、一日一回は必ずミーティングがあるので参加したりしました。

一時期は、摂食障害気味で、みんなとご飯を一緒に食べられないことがあったり、日中の多くを大和川の河川敷を走ることに費やした時期もありました。それでも、みんなから受け入れてもらえたことが大きかったです。

就労を通して見えたこと

大阪市東住吉区内の公園の清掃作業や芝刈り作業、数カ所の大阪市営地下鉄の駅付近で不法駐輪している自転車を整理する作業に行きました。お風呂屋さんの洗い場の清掃作業なんかもしました。

芝刈り作業をしていたときは、とにかく一時間なら一時間、集中して作業に取り組むことが、そのときの私自身の課題だと感じました。

幼い頃から、嫌なことはしない。やる意味がわからないからしない。そうやって生きてきたから、嫌なことや、なんでやるのかわからないことをやったり、やり続けたりするのはなかなか苦手でした。

苦手でやりたくないことだからこそ自身のクリアしたい課題だと思えたし、誰かのためじゃなく自分のためにこそ克服できたらと思い、取り組みました。

芝刈り作業をしていたとき、一緒に芝刈りをしていた「いちご」の職員さんから「洋次郎さんの芝刈りをしている姿がとてもカッコイイ‼」と言われたことがありました。一瞬、「アホか」という気持ちと恥ずかしさみたいなものが出てきましたが、次の瞬間「こりゃ手を抜かれへんなぁ～」「ちゃんとやらななぁ～‼」という気持ちになりました。

そのとき、思い返していたのは、「そう言えば幼い頃から鑑別所、少年院、精神科病院、刑務所と、ずっと強制的な環境に生きてきたなあ」ということです。

いつも「これをしろ！」とか「これはするな‼」と言われた通りをするだけで、自分で考えたり、自分で決めて行動することをほとんど経験してきていないから、いまみたいに自分のなかから「ちゃんとしたいなぁ〜」とか「手を抜かんとこ！」という気持ちになるのが不思議でした。そのときに、自発的に動くとか、主体的・自主的というのはこのことなのか、と思いました。周囲からの命令や指示、強制ではなく、自らで考えて動く力を育てていけることの大切さを改めて感じました。

不法駐輪の移動や整理をしているときも、「過去の自分からしたらいまの自分はホンマ、落ちぶれた姿に見えるんだろうなぁ〜」と思いました。でも、不法駐輪している自転車を一台一台動かしているうちに、ふと頭によぎったのは、道端に座り込んでタバコをプカプカ吸ったり、吸っていたタバコを道路にポイ捨てしたり、唾をペッペッと吐いていたかつての自分の姿でした。そして、いまの自分はそんなふうに捨てられたタバコの吸い殻を拾ったりゴミを拾ったりしていました。

そのとき、作業や仕事は、やる内容も重要ですがそれ以上に、そのことを通して何かを感じたり気がついたりすることが大切なのではないかと思いました。

それがタバコの吸い殻やゴミを拾うことであっても、感じたり気づいたりすることがあるなら、それはとても価値のある有意義な取り組みとなるのだと思いました。

その当時に三十代後半だったことから考えると、周囲の人たちと比べて年相応なのか？　というと到底そんなふうではなかったと思うけど、自分自身の等身大とか身の丈がわかり始めていた私にとっては、それら一つひとつが決して無駄ではなく、正に必要なものが必要なときに与えられた体験だと思いました。

お風呂屋さんの清掃作業では、一緒に作業に入っていた人と揉めてしまったことがあります。一方的に暴力を受けたけど、そのことを通して、いまの私には酒の力に代わるものが与えられているんだと実感することができました。昔の自分なら酒や薬の力を借りて、暴言を吐き返したり暴れる必要がありました。しかし、いまの私には仲間の力を頼り、そのことを受け入れていくことができます。ともに作業する仲間との喧嘩は、殴られた痛みや怖さは残ったけど、新たな力を手にしている自分に気づける好機だと思いました。

就労支援はその作業の内容だけじゃない。作業を通しての人間関係や、生きていくために必要なあらゆる力を培う機会がそこにあるんだと感じました。

ホームヘルパー二級を取得するための講習は多分一人では絶対受けることができなかったと思

うけれど、「いちご」のメンバーさんたち十数人で一斉に受けることになったから、挑戦してみました。資格を取ってからは実際にヘルパー業務にも入りました。

仕事の前段階として「いちご」での就労支援で工賃をもらえる作業をしたけど、初めて工賃をもらったときは本当に嬉しかったです。

それまで自分が働くなんて考えられなかったし、何より、ずっと「使い物にならへん人間や」と言われ続けてきた自分が、実際にこの身体を使い、汗を流した労働の対価として、たとえ数百円のお金であってももらうことができたのです。

自分にもお金を稼ぐ力があるんだと思えた体験は本当に嬉しかったです。

最初の頃はヘルパー業務とお風呂屋さんの仕事を掛け持ちでやっていたけど、徐々に仕事量も増やすことができ、その後三年間は「いちご」や就労支援と全く関係のない、障害をもった児童たちの通うデイサービスでの仕事をしました。

障害児のデイサービスの職場には、私よりも二〇歳以上若い年齢のスタッフさんがたくさんいました。それまで「若い奴はなっていない！」みたいな考えももっていたけれど、彼らと一緒に働く日々のなかで、「全然そんなんじゃないんやな」とか、「人は年齢じゃないんやな」と思える体験をしました。

児童の支援にあたるなかでは、スタッフ間の声かけがとても重要でした。「ありがとうございました」と言うのにも口ごもる私だったけど、若いスタッフさんはしっかりと「ありがとうございました‼」と言っていました。事情があって早く退勤する際も、私には申し訳ない気持ちがあったから「すいません」と言っていましたが、相手から返ってきた言葉は「少しでも長くいてくれて本当に助かりました。ありがとうございました」でした。

同じ事柄に対して、私は「早く帰ってごめんなさい」なのに対し、相手は「それでもいてくれてありがとうございました」なのか、と思いました。

そう言ってもらえたことがとても嬉しかったから、これからは私も「ありがとう」と伝えられるようになりたいと思いました。

依存症当事者としてリカバリハウスのスタッフ（正社員）になる

それからも、週一回の「いちご」のグループホームでの仕事と、障害児の通うデイサービスでの仕事を三年くらい続けてきたけど、私も四〇歳を過ぎ、これからのことが少し気になり始めていました。

そろそろ一つの仕事に集中したほうが良いのかなと考え、「いちご」の施設長とも相談した結果、「いちご」で正社員として働くことに決めました。

少しずつ、そうやって社会復帰がかたちになり始めていましたが、私がアルコールや薬物の依存症者なのはずっと変わらない事実です。

当然、仕事を始めてからも、ずっと自助グループのミーティングへは通い続けてきました。いや、仕事が続けられたのは、自助グループへの参加を欠かさなかったからだと思います。

仕事の内容のみならず、そこでの人間関係を投げ出さずに続けることができたのは、自助グループとのつながりが大きかったと思います。

車の両輪のように、仕事と自助グループへの参加の両方が大切で、仕事をしっかりこなすためには自助グループへの参加が欠かせず、自助グループへの安定した参加のためには、アルコール依存症者との関わり以外の仕事などの人間関係が活きていたと思います。双方が互いに影響し合って相乗効果をもたらし、互いが互いの活動のための助けとなっていました。

アルコールや薬物依存症者として生きるということは、十年前、五年前の「過去」に酒を飲んでひどい目に遭ったことをきっかけに飲まないで生きているのではなく、「いま、ここ」に生きる私自身がアルコールや薬物依存症者だから、飲まないで生きています。つまり、「今日、ここに生きる私自身」がアルコールや薬物依存症者だから、飲まない使わないための行動を取っています。そう、確信しています。

「いちご」で正社員として働くなかで、国家資格の介護福祉士にも挑戦しました。なんとか無事に介護福祉士の資格を取得。そして、それは別の意味での大きな挑戦でもありました。

これまでに何度となく、国の法律によって裁かれてきた人間がいま一度、国が定めた国家資格に挑戦することで、自分が壊してきたものを自分で修復していくプロセスでもあったということです。

一六歳の終わり頃に、看取ることをせず見殺しにした父親に対しても、酒と薬が止まって、少し時間が経った頃に、香川県にある墓に行きました。

水がいっぱい入ったバケツをもって、坂道を上がったところに、それはありました。

その前に立ち、お墓に眠る父親と、心のなかでいろいろなことを対話しました。

誰からも必要とされず、自分に対しても、友だちなんていらんねん‼　とうそぶいてきたけど……。

いま、たくさんの友だちができた。

たくさんの人たちに受け入れてもらって、少しずつやけど、俺も人を受け入れることができるようになった。

ほんの一瞬さえ、酒や薬がなきゃ生きられへんって思っていたけど、いまは酒も薬も使わんと、下手くそやけどなんとか生きてるねん。

そうやって、父親と対話を続けました。

かつて、ベッドに横たわる父親を前に、悪に生きる決心をしました。

あのときは、素直さや優しさ、自分のなかの柔らかな感情をもったままで生きることが、あまりに苦しくて、全てを切り捨てて生きる覚悟をしたけど、これからは、そんな一つひとつの感情をもっている自分として生きていける。

悪に生きる決心をした一六歳の自分に、いつかはそんな自分を受け止めて生きていけるよと、いまの大人になった自分が、ちゃんと応えてあげられました。

父親への埋め合わせを果たすことができたとき、同時に、心を閉じて過去のなかに留まってしまったあの頃の自分との和解にもつながっていくことを実感していました。

第4章　ピアサポートとは

依存症は病気

依存症が病気なんだと思えたのは、二〇歳で診断を受けてからずいぶん時間が経った後のことで、それから十年以上の時間が経過してからでした。その一三年の間に、精神科病院入退院を四八回と、刑務所服役を経ていました。

依存症は、自分で認めることができない「否認の病気」と言われていますが、否認に至る要因は様々だと思います。

私自身は、精神科病院に入院して、アルコール依存症と診断を受けた際に、同じように入院していた人たちの年齢層があまりにも離れていたことや、一番最初にアルコールを飲んだきっかけが、たまたまそのときに限ってシンナーが手に入らなかったので、仕方なく代替品として飲酒したというのが大きかったと思います。

薬物を始めた／続けた理由として、自らを壊したかった、狂いたかったというのがあったので、「病気ですよ」と言われたところで、ピンときませんでした。

否認に至る理由の一つとして、依存症者が家族や友人から落胆されたり、不信感を抱いたりすること以上に、依存症の本人が一番、自分自身のことを信じられなかったり、落胆、失望していることがあります。

自分自身がどんどん追い詰められていって、到底、自力でなんてやめられないのに、それでも「やめる！」と言うしかない。

周囲から責められ、「なんとか自分一人の力だけで飲まない努力をしないといけない！」と思っています。アルコール依存症を認めているのに、自分一人だけで頑張ったり、他者の力を借りたり頼ったりしないのも、一つの否認だと思います。

私自身も、飲酒や薬物使用で辛い思いをすればするだけ、その否認はどんどんどんどん強化されました。音をあげたり助けを求めることさえできないくらいになりました。

ミーティングへ通い出したときは、「あんたらがやっているようにミーティングへ行って、酒や薬物が止まっても意味がない。あんたらと同じことをするくらいなら、酒を飲んでいるほうがマシや！」という気持ちでした。

酒を飲む／飲まないが一番の問題なのにもかかわらず、私にとっては、「人がやっていることを自分も同じようにしないとあかんのか！」という気持ちや、みんなと交わる／交わらないことのほうが大きな、重要な問題だったように思います。当時の私は、酒を飲むか飲まないかよりも、人と同じことをしてそのなかに馴染んでいくことに対して、必死で抵抗し続けていたからです。

いまなら、ミーティングへ来ている人たちが酒や薬物を止められているんなら、私も同じことをしたら良い、と単純に思えます。きっかけは何であれ、結果的に酒や薬物が止まったほうが自分にとっては得です。酒や薬物が止まってくれるから、仕事や人間関係をもつことができます。意地になって、自分一人の力だけで頑張っていても、酒や薬物が止まらないなら、それは私にとってマイナスしか生まないよね、と思えます。

いまの私が仕事でもプライベートでも、アルコール依存症者と関わるのは、私自身がアルコール・薬物の依存症者だから。私が今日一日を飲まない・使わないで生きるために、自分と同じ依存症者が必要なのです。

「いちご」の仕事では当然、自分の生活のためにお給料をもらっています。プライベートでアルコールや薬物依存症者と関わるときは、当たり前だけど無償でやっています。無償とか、無条件、無名であることの重要性と、仕事として責任をもち、有償であることの重要性の狭間で、板挟みになることもあります。

正直になれることから始まった

ある時期、自助グループのミーティングへ参加しても、仲間の話を聴くことができない自分になっていることに気づきました。自分が話すときも、なんとなく当たり障りのない話だけをして、やり過ごすような感じでした。あれだけ、ミーティングや仲間が好きだったのに、ミーティングに参加していても、あまり楽しくないし、力を得られないような変な感じがありました。

そんなとき、親しい仲間に連れられて参加したのが、仲間のバースデーミーティングでした。

数年間、酒をやめていた彼に向けて、たくさんの仲間がお祝いの言葉を送っていましたが、彼は硬い表情をしていました。突然、彼は口を開いて、自分自身について語り始めました。

「自助グループのミーティングでは、刑務所へメッセージミーティングをしに行ったり、サービス活動をしてきたから、『すごいなぁ〜』とか『回復しているなぁ〜』って言われるけど、俺は未だに、彼女との子どもを引き取れず、私生児のままにしているし、その彼女も数週間前に薬物で自殺した」

「現実はそうなのに、俺のことを知らない仲間からは、『すごいなぁ〜』って言われる。そんな生き方は、酒や薬をやっていたときと何も変わらへん、表面だけ取り繕っている生き方や！」

そう言い放ちました。

それを聞いていた私は、強い衝撃を受けました。そして、心の奥から熱い何かが込み上げてきました。それまでいろいろな仲間からチヤホヤされて得意げに自分のことを話していたけど、本当は何も正直に話していなかったことを認めざるを得なかったのです。私も表面的には、「頑張っているアルコール依存症者」を演じていたけど、本当は、その頃、仲間にも言えないようなズルイことや情けないことをしていたのです。自分がやっていた情けないことは隠して、表面だけ取り繕っていた自分の生き方を思い知らされました。そして、自分自身に対して正直になれなかったことで、仲間の口から語られる経験から何も得られていなかったことに気づきました。

正直になることは、自分自身を開くこと。そして、自分の心を開くことなんだと、改めて感じました。真剣に自分自身の経験をわかちあってくれた仲間の生きる姿に、私も自分自身に正直になれました。私が自分自身に対して正直になれたとき、開けた心のなかに、仲間の声や言葉、力が染み入ってくるのを感じました。

仲間のことを大切に思えなかったり、そこから何も得られないと感じているときは、私自身が心を開いていないとき。そして、私には自分自身に正直になるためにも、仲間という存在が必要なんだと感じました。

リカバリハウスいちごと自助グループの違い

「いちご」は、福祉的な支援を提供する依存症回復施設です。酒や薬物、ギャンブル等の依存症からの回復とともに、生活の支援や就労支援も行っています。「いちご」の利用者さんの情報を職員間で共有しますし、利用するにあたって、いくつかの決まりごともあります。

それに比べて、自助グループはそれぞれのグループがいろいろな地域でミーティングを開催していて、自分が行きたければ自由に参加することができます。参加費もなければ、自分がどこの誰なのかを明かす必要はないし、飲まないで生きたいという願望だけがあれば、誰にでも参加する資格があります。いま、お酒を飲んでいるか飲んでいないかではなく、飲まないで生きたい願望があるかないかだけを問われます。

「いちご」で働く人たちのなかには、依存症ではない職員と依存症当事者の職員がいます。

私が「いちご」で正社員として働くようになってから一年半くらい経ちますが、いまもプライベートの時間で、自助グループのミーティングへ定期的に参加しています。

依存症の当事者だから職員をしているというよりは、一人の回復者として、回復の過程で「いちご」という依存症回復施設で働いています。

ただ、依存症当事者が職員をする場合にのみ、雇用してもらうための条件があります。お酒や薬が五年以上止まっていることと、自助グループへしっかりつながっていることです。

どんな仕事でも一緒ですが、働く以上、かなりのストレスがかかる場合もあるので、安定した回復を歩んでいるかが重要な条件になるのかと思います。

実際、依存症という病気がさせていることとはいえ、再飲酒してしまう利用者さんや酔っ払っている利用者さんと向き合わないといけないことがあったり、酒が入って自傷行為をしたり、暴言を吐く利用者さんもいます。

そんなとき、相手が病気の状態とわかっていても、感情移入したり、感情が乱れたり、嫌な感情を抱いてしまうことがあるため、ちゃんとセルフケアができる必要があります。そういう意味で安定した回復を得ていることは働くうえで重要だと思います。

仕事で依存症者とたくさん関わっていても、自分のために足を運ぶミーティングは全然違います。

だから、仕事でいくら依存症者と関わっていても、それ自体が私の酒や薬を使わない生き方をつくってくれているのではなく、やはり、私自身が一人の依存症者として、ミーティングへ足を運ぶことは必要不可欠な行動だと思っています。

自助グループのミーティングでの私は、誰でもない、ただの一人のアルコール依存症者です。一人の無名のアルコール依存症者だからこそ、そこに仲間の愛や手助け、力が働くんだと思っています。

職場ではどうしても職員という肩書きがあり、責任もありますから、利用者さんに対して、「職員としての自分」で接する必要があります。

職員として利用者さんたちと接するときには、なかなか自助グループでやり取りしているような仲間との関わり方はできませんし、それはそれで仕方のないことだと思っています。

条件をつけない人間関係

自助グループのミーティングや仲間との関わりについて実感しているのは、私自身が酒や薬を使わずに生きることは全て、そのなかから得ている力によってなされているんだということです。

コンベンションやミーティングに参加するためにアメリカを旅していろんな町を訪ね、そこに暮らす仲間たちと交流したことがありました。

彼らは、空港からピックアップするために、車を二時間以上走らせてくれたり、初対面にもかかわらず、自宅に招いてお世話してくれたりと、日本から訪問した私を歓迎してくれました。

たとえば、家族と暮らす家に私を招き入れ、ベッドやシャワーを共有してくれるなど、私なら家族や友だちにはできても、見ず知らずの人にはできないような手助けを、彼らは喜んでやってくれました。

そのとき、条件をつけない人間関係について考えました。

信じる／信じないも、相手がどんな人間かどうかではなく、自分が決めるんだと実感しました。信じるには、この人は裏切らなかったという過去がいる。疑うときは、その人に裏切られたという過去があって初めて成り立つ。けれど、初対面だからどんな人間なのかなんてわからない。

わかっているのは、ただ飲まないで生きたいという願いだけ。

それだけで、どこの誰かもわからない私を喜んで手助けする姿に、条件をつけない無償の愛を見ました。

私自身の過去の生き方を思うと、物理的な目に見えるものに必死で囚われていました。

相手がどこまで自分を犠牲にして私に尽くしてくれるか、私のためにどれだけお金や時間を費やしてくれるかだけが、相手の愛情を確認する術でした。

アメリカの仲間たちから見返りを求めない手助けを受けることで、私は行為の動機を信じるしかなくなりました。愛がなければできないような手助けをしてくれた彼らの姿に、彼らのなかにある愛を信じるしかなくなりました。

アルコール依存症者、薬物依存症者として生きてきた日々のなかで、一番痛み、病んでいった部分が、癒されていくのを感じました。

自助グループからもらったものは、仲間たちとのつながりから生まれる力や希望でした。私が一人の依存症者として生きるために必要な力の全てが、そのつながりのなかにありました。

回復施設に依存症当事者職員がいることの意味

「いちご」で働く上では、なかなか自助グループのミーティングや仲間とのつながりのようにはいかない場面もあります。

その人が、自分が酒に対して無力だと思えるまで、好きなだけ酒を飲んでもいい、などとは施設柄言えないこともあるし、グループホームに入居されていたら、飲酒している状態のまま入居を続けてもらうのが困難な場面も出てきます。その人ひとりだけが「いちご」を利用しているわけではないので、いろんなかたちで支障が出てしまうのです。

そんなとき、私自身が自助グループでもらったものをどのように活かせるのか？　と思案します。

果たして、本当にこれで良いのだろうか？　と思うこともあります。

ミーティングで会えば、私もその人もひとりのアルコール依存症者だけど、職場では職員と利用者さんという関係性がありますから、とてもやりにくかったり、どうしても力が働き、力関係が生じてしまう場合があります。

そういう意味では、やはり、とても慎重になります。

ただ、自助グループにできることと、「いちご」のような制度を利用した回復施設にできることとは異なりますすし、どちらもやはり必要な手助けや支援だと思っていますから、いろいろ考えながら取り組んでいます。

「いちご」で依存症当事者の私が働くことで、メンバーさんの様子や状態を当事者の立場から見ることができます。

ただ、自分が依存症当事者ゆえに、自分が歩んできた回復のプロセスをメンバーさんにも押しつけてしまっていたり、勝手に決めつけてしまっていることがあります。そんなときは、当事者というフィルターを外してその人自身を見たり、理解する必要があるのだと思います。

また、自分自身が依存症者として生きてきたなかでいろんなかたちで傷ついてきたので、「いちご」の様々な取り組みもさることながら、その時間を共有すること自体がどれだけ大切かを実感しています。

週に一度の町内清掃で一緒に長居公園のゴミ拾いや掃除をしたりするのも、取り組みの内容そのものよりも、そこで一緒に過ごす時間を大切に考えています。

場合によっては、依存症じゃない職員のほうが利用者さんにとって話しやすかったりもするので、そういった意味では、職員間で力を合わせて利用者の方たちと向き合っています。

第二部　依存症からのリカバリーのために必要なこと

――当事者として、支援者として、社会に向けての提言

第１章　依存症者としての自分自身を振り返って

わからないことがわからない

第一部でも書いたように、小学校・中学校と勉強はサッパリでした。悪さもたくさんしました。学校で悪さをして帰宅すると、父親や母親に叱られましたが、知らんぷりしていました。「反省の色が見えない」と言われても、そもそも何で親に怒られるのかがわかっていなかったのです。怒られている場面ではちゃんと話を聞いていないといけないというのもわかっていませんでした。

大人になってからわかったのは、当時の自分は「わかったふりをしなきゃいけなかった」ということです。物事が理解できていないから、自分がわからないことがわからなかったのです。

小学校での勉強や授業もそうですが、クラス内での当番も全くその意味や目的がわかっていませんでした。

だから、大人には、まず「サボっている」とか「ズルをしている」と決めつけるのではなく、やらないことに対して「なんでなのかな?」「もしかしたら何もわかっていないのかな?」という視点で見て欲しかったです。

障害をもった児童の支援の仕事をしていたときに私自身が言われた言葉ですが、「伝わるように伝えていますか?」ということです。わからないことがわからないから、質問して助けを求めないだけ。少しでも話をして、その状態を理解してもらえていたら、自分がどうしたいのか?どうして欲しいのか?　を発信していたかもしれません。

小学校低学年で、テスト用紙にマンガばっかり描いていたときも、自分の置かれている状態がわからず、担任の先生が言う「洋次郎は絵でも描いておき!」の言葉をそのまま受け取って、自分は駄目な奴だと思い込んで惨めな気持ちにもなっていたので、少しでもそれ以外の対応があったら良かったと思います。実際、その当時の担任とのやり取りを大人になってからも覚えているので、やっぱり自分のなかで何かしらの引っかかりとしていまも残っているのだと思います。

宿題を忘れて居残りをしないといけないのに、勝手に帰ってしまったり、罰としてやらないといけなかった掃除当番をほったらかしで友だちと遊んでいたことも、その行動だけ見たらズルをしているけど、本人のなかでは全然そうではありませんでした。

担任に怒られてもあっけらかんとしていたのは、何が悪かったのかをわかっていないからというところもあるので、決めつけてかかるのではなく、まずは話をして何を考えていたのか、どう思ってそうしていたのかに耳を傾けて欲しかったです。そうしたら、もしかしたらその先へ進む突破口も自分なりに見出せたのかもわかりません。やっぱり決めつけではなく対話をもって欲しかったです。

唯一、ハーモニカだけは好きだった

全く勉強ができず、学力的な部分では完全にゼロクラスだったけれど、たくさんあった授業のなかで唯一、ハーモニカだけは好きでした。

音楽の先生が、ハーモニカで「フランダースの犬」を吹いてくれました。生徒たちもそれを練習していました。私も下手くそだったけど、頑張って吹いていました。

すると、先生から「洋次郎君上手やね」と言ってもらいました。居残りをして練習することもあったけど、なんとなく吹けたのもあってとても楽しかったのを覚えています。自分の得意なことをさせてくれた音楽の授業やハーモニカの練習はとても楽しかったし、自分のなかで、好き！という気持ちもちゃんとありました。

学ぶことが自分とどう関連しているのかがわかったとき

小学校や中学校の頃は、自分は勉強が嫌いなんだとずっと思っていました。勉強というのか学問というのかわからないけれど、生まれて初めて自分ごととして勉強することが大切なんだと思ったのは、刑務所で服役していたときでした。一日中、頭をフル回転、フル稼働していろいろなことを考えたり、考えたことを文書にまとめていました。ですが、刑務所という閉ざされた環境では、様々な事柄についての情報量が極端に少なく、試行錯誤を繰り返してもなかなか新たな発見には辿り着きません。頭のなかで堂々めぐりをするだけでした。

そのとき、生まれて初めて自分から書籍を読みました。理由は簡単で、自分がもってない情報や知識を取り入れたかったからです。単に、情報や知識を入れて終わりじゃなく、行き詰まった思考に新たな情報や知識が入ることで思考が深まることがわかりました。

一から一〇までのレベルで言うと、一、二、三くらいまでは自力で進めるけれど、四で行き詰まると、その先の五や六へは進めません。しかし、外部から情報や知識を入れて、もしその四が生まれたら、その先の五や六へ思考が進展したり、発展することがわかりました。だから、勉強したり何かを学んで自分のなかに新たなものを取り込むことがとても大切だし、有意義なことだと理解できました。

そして、勉強や学ぶことは全く自分とは関係のないことじゃなく、ちゃんと自分と関連づいていることなんだとわかりました。そのとき、勉強や学問が「手段」であることがようやく理解できました。勉強というより本を読むことの大切さを実感しました。それは、読書に限らず様々な情報や知識を得ることの大切さや必要性にも通じていると思います。

いま現在、年齢的には四三歳だけれど、通信制高校に通う高校三年生でもあります。高校から配られた教科書には、ニューヨークの国際連合本部やホロコーストのことが掲載されていました。ニューヨークの国際連合本部には高校に入る前から実際に見学に行っていました。ホロコースト博物館にも実際に見学に行っていました。つまり、教科書を通して学ぶことを、私は実体験として先に学んでいたのだと思いました。学び方や学ぶ速度、学べる時期は個々に異なるけど、自分なりの方法でそのことを学ぼうとしていました。実際にそこに行き、この目で見て、この耳で聞き、この心で感じる。方法は様々だけど、そこに共通することを知ったり、学んだり深めることは全く一緒なんだと思ったとき、「俺は勉強そのものが嫌いなわけではないんだなぁ〜」ということにハッとしました。やり方や方法がみんなとは異なるだけで、それを通して得られる情報や知識を、私は私なりの方法をもって得ようとしていました。勉強が嫌いな自分じゃなく、方法が個別的で個性的だっただけのことなんだと思いました。

行為として表れた自傷

中学を卒業する前後から、自傷行為をするようになりました。自傷行為は、腕や身体に刃物やタバコの火で傷をつけ、傷口のずっと奥に受け入れ切れない感情を詰め込んで蓋をしてしまうための儀式的なものでした。きっと、そうやってしか生きられなかった。そんなふうに感じてしまっている感情を誰かのせいにしなきゃ、生きられなかったんだと思います。

自傷行為は刑務所から出てきた三三歳くらいまで長らく続きました。

精神科病院への入退院を繰り返した二十代の頃も、自傷行為をしていたら誰かに関心をもってもらえる。心配してもらえることが、自分を受け入れてもらえていることだと思っていたので、病気が良くなったり手助けがなくても自分でやれるようになったら、誰からも心配してもらえなくなるのではないかと怯えていました。「洋次郎君は、私たちがいなくても平気だよね」と言われるのが怖かったんです。だから回復したくなかったし、子どもから大人になることも拒んでいました。

「苦しい」と言葉で伝えても受け入れてもらえないから、言葉以上に威力がある自傷行為という術をとって苦しさを表していました。だから自傷行為をやめたら、「しなくて平気なくらい苦しくなくなったんだね」と思われてしまうと思っていました。

だから、必死で自傷行為にこだわりました。

ビルの三階に立ち「早よ飛ばな！　早よ飛ばな！」と焦ったこともあります。自傷行為を見せつけて相手にダメージを負わせるために、何がなんでもその相手が私の目の前にいる間に自傷行為を決行しないとあかん！　と思っていました。もし、怖くて自傷行為ができずにいる間に相手がどこかへ行ってしまったら、何にもならない。そういう意味で本当に必死でした。

精神科病院の隔離室へ入れられていたり、拘束帯で身体をベッドにくくられているときにした自傷行為は、気持ちをいくら言葉にしても受け止めてもらえず、無造作に押さえつけられてしまうから、それに反発するためでした。

言葉は通用しない。気持ちを伝えたって無駄。自傷行為は最後の最後の術でした。

だから、それさえをも止められたり、できない状況にもっていかれたときの屈辱は、半端ではなかったです。自傷行為もそうだけれど、私は自分を正直に表したり気持ちを率直に表現したら、「おかしいやつだ」と社会から捕まえられると思っていました。隔離室に閉じ込められ、拘束帯でベッドにくくられると本気で思っていました。吐き捨てた暴言がひどかったり抵抗が暴力に近いから、力ずくで押さえつけられたんだろうけど、私のなかではそんなふうに捉えていました。

それだけ、自分のなかにあった感情が暴力的だったり、感情的な面を含んでいたんだと思います。命がけで反抗したり自傷行為をしたのは、人権侵害や人権無視、人権剝奪がそれだけ人間にとって苦痛だということです。

自傷行為や自殺を図ろうとしたのは、社会に人ひとりが死んでいくことがどういうことなのか、そうやって追い詰めたあんたらや社会に、そのことの責任について考えさせたかったからです。命を賭けるほどのことでもないかもしれないけど、そのときは、自分の命を賭けないとわかってもらえないと思っていました。賭けても「たかだかそんな命やろ‼」と思われるかもしれない、自分には価値がないという気持ちがあったから、最終的にはそうやって命を賭けてまで、苦しみをわからせようとしていました。

自傷行為に対しては、人それぞれいろいろな意味合いをもっているのかもしれません。生きている実感を得るためとか、血を見て生きていることを感じたり、血の生温かさに生命を感じたり。

私は、言葉で通じない苦しさを人にわからせるために、反論できないかたちで押しつけようとしていました。また、刺激を欲するときもありました。退屈過ぎた日常のなかで、自傷行為をしたらとりあえず喜怒哀楽が揺れ動き、自傷行為をすることで気持ちがつられて動くこともありました。

自傷行為も非行も反抗も、言葉では表せないから行動をもって表してきたという感覚がありま す。行動やそれを通しての表現は、言葉のみでは伝えられないエネルギーからくるものなのかもわかりません。

自分にとっての薬物や非行行為

第一部でも書いたように、私が薬物を使い始めたのは中学二年の頃でした。それまでは、友だちのなかでいるのかいないのかわからないくらいの存在感でした。同級生の女の子が悪気なく私にぶつかってきたときも、ぶつかられたのは私のほうなのに、オドオドしていたのを覚えています。

そんな自分が、シンナーを吸ったりバイクを盗んだり非行行為をしていたら、みんなが寄ってきて話題の中心になれたり、私がそのことを教えてあげる側でいることができました。思い通りに生きられる感じが、シンナーを吸ったり悪さをしているときにはありました。周囲との関係とかつながりが見えてくることで、自分の立ち位置みたいなものを得ていました。

そうやって生きていたら、自分がみんなの中心で、自分が思うように、生きたいように生きられるような感覚がもてました。人の言いなりにしかなれない自分から、自分の思った通りに生きられる自分になったんだという感覚をもてたことは、とても大きかったと思います。そのときの私にとって、悪いことか正しいことか、犯罪か犯罪じゃないかよりも重要でした。

そうは言っても、シンナーは薬物ですから、だんだんそんな目的のためではなく、なくてはならないものになっていったし、非行行為に関しても自力のみでは止められなくなっていました。いつからか、気づいたときには「使っている」んじゃなく、「使われている」自分になっていました。

自分をしんどさやしがらみから解放してくれたものが、気づいたときには、自分を縛るものになっていました。自由をくれたものが不自由しか生まなくなっていました。

しかし、良いイメージや、「使われているんじゃなく、使っているんだ」という幻想がなかなか拭えませんでした。いや、いつかその幻想が本当になるんだと信じて、叶えるために、挑戦、実験し続けたんだと思います。その幻想を幻想と認めるまでに、十年以上の月日を費やしました。

反抗期がなかった？

そんなふうにシンナーを吸ったり非行に走ったりしていたので、自分にはいわゆる、反抗期があったと思っていました。

しかし、大人になってから母親に、「洋次郎には反抗期がなかった」と言われました。確かに、ちゃんと自分をもち、自分の意見を伝えたり議論することがほとんどありませんでした。だから、大人になっても、親が私の意見と違うのが理解できなかったし、意見の違いから衝突することもなかったので、親と私の考えや意見が違っていても良いというのがなかなかわかりませんでした。幼くても反抗期を迎え、自分をちゃんともち、自分の意見を親にぶつけられていたら、もしかしたら、意見や考え方が違う親と子だけどそれで良いと思えたのかもしれません。

そういう意味でも反抗期を経ることで、「私は私」「あなたはあなた」というふうに意見や考えの相違があることを認め合い、自分の気持ちを伝えたりぶつけたりすることが本当に大切なんだと思いました。

何でもいい、生きるために何かを必要とした

問題回避や過小化、感情の抑圧、現実逃避は生きるために必要な術でした。シンナーを吸ったり、薬物を使うと「快楽を得られた‼」と感じるのですが、ただ、フワフワ気持ち良いとか、心がスカッとして気持ちが良いというのとは違っていたと思います。退屈な日常に、喜怒哀楽が戻ったり感情が蘇ると思っていました。

周囲の人たちは、自分よりもいろいろなことを豊かに感じている優位にいる人たちで、私は大した生き方ができるわけじゃないから、日々にも大したことを感じることができないのだと思っていました。だから、シンナーを吸ったり非行に走ることで、みんなが関心をもってくれることが本当に嬉しかったんです。だって、そうでなければ生きている自分を受け入れることさえで

きなかったから。

そこには、私が欲したものや感覚があったけど、それらは決して、いわゆる気持ちが良い感じ、快楽だけではなかったと思います。だから、シンナーを吸ったり薬物や酒を使うこと＝快楽と言うのが受け入れられませんでした。

私が「快楽」という言葉からイメージするのは「気持ち良さ」とか「追求された究極の楽しさ」ですが、シンナーや非行にそれを欲するのは求め過ぎというか、あまり良いイメージがありませんでした。親や大人とちゃんと向き合って関われなかったし、学校での扱いをなかったことにするために、シンナーや非行が必要でした。

そう考えると、シンナーや非行は単なる心地良さだけでなく、何かから逃げたりごまかしたり紛らわすためのものにもなっていたんだと思います。


生きるためにあらゆるものを自分のなかから切り捨てたり、感じないふりをして生きるために、酒や薬物を必要としていたことに気づきました。それが、自分にとっての否認であったり逃避や回避でもあったと思います。とにかく、一瞬一瞬、目の前に現れる現実や人間関係をやり過ごすために酒や薬物を使い、薬理効果によって何かしらの逃避や回避を繰り返して、なんとかここまで生きてこられたんだと思いました。

自分の身体を傷つける自傷行為も、そうやってしか生きられなかった当時の自分にはなくてはならない、一瞬一瞬を処理していく方法だったのかなと思います。

余分なものを自分のなかに取り込むのではなく、生きるため、生き残るために、そうやって自分なりの条件を満たすということに躍起になっていました。

依存的な人間関係からの自立

依存的な人間関係から脱して、対等な人間関係をもてるようになったのは、自分自身を尊重し、自分自身を生きることを引き受けたときからでした。

酒や薬物をやめたり使ったりを繰り返していた頃、東住吉区矢田にあった解放塾の先生から「洋次郎君には自尊感情が全くない」と言われたことがあります。そのときは、自分のことは嫌いじゃなかったし、けっこう好きなように生きていたから、漠然とだけど自分は自分を大事にできていると思っていました。

酒や薬物を使わない生活を送る日々のなかで、大学教員でエイズカウンセラーだった故・榎本てる子先生と出会いました。榎本先生の自宅に招いてもらって何人かの友人とすき焼きを食べながらいろいろ話しました。

そのとき、「以前は嫌なことや腹が立つことがあったら、簡単に一杯の酒に手をつけていたけど、いまは嫌なことがあっても、それで一杯の酒を飲めば、結局は自分が飲んで引き起こした問題の責任を負わなきゃいけないのは自分だし、自分にとって一杯の酒を飲むことは精神科病院、刑務所、死へと直結する行為だから、それを天秤にかけたらどう考えても割りに合わないと考えています」という話をしました。

それで、「結局は飲んだら自分が損やん！　勿体ない」と私が言ったとき、榎本先生から「洋次郎は自分のことを大切やと思っているから、損するとか勿体ないって思うんだよ」「自分のことを大切やと思えていなかったら多分、損するとか、勿体ないとも思わへんよ」「それは大切にしたい自分があるからやで！」「自分自身がちゃんとあるんやな！」と言われました。

対等な人間関係を築くために、自分と他者との距離感や境界線について考えたのは、刑務所での生活を送るなかででした。それまでは、本当にそんなことを考えたこともなく、幼い頃から、自分と他者の違いがよくわからなかったです。

中学を卒業して仕事をしたり恋愛をして、「距離感」という言葉を耳にするようになり、境界線という言葉も、多分、その頃に聞いたと思います。

ただ、その頃にそういう言葉を使われても、私のことを遠ざけたかったり、負担に感じて、そんなふうに言われているとしか思えませんでした。「少し距離を置いて欲しい」とか「私の境界線を踏み越えないで！」みたいに言われると、自分の全てが拒絶されているみたいに感じていました。

中学の頃の友人との関係でも、一八歳頃の水商売をしていたときの女性のお客さんとの関係にしても、とにかく、〇か百かの関係ばっかりでした。親しいときは毎日のように一緒にいるけど、少しでも相手が私と一緒にいることに対して躊躇しているのがうかがえたら、一瞬で、バッサリと関係を絶っていました。

「どうせ、私の元から離れていくんなら切られる前に切ってしまえ！」「捨てられる前に捨ててしまえ！」と、相手との関係を絶ち切っていました。相手との関係を絶ち切るのは、悲しいことだったけど、相手から切られるよりはマシ。相手に関係を切られるのを、いまかいまかと恐れながら待っているよりはマシや、と自分に言い聞かせていました。

異性との恋愛や性関係においては特にひどい状態になっていました。私のなかには相手を愛することなんてほとんどなく、私が愛されたいと思う愛し方で愛してくれることだけを愛だと思い込んでいました。その女性にはその女性なりの愛し方があるなんて考えたこともなかったです。だから、私がセックスをしたいときにセックスさせてくれる女性のことは私を愛していると思えたし、少しでも拒まれたりしたら、そこに愛はないんだと思っていました。

私が求めるときに応えてくれる女性。

私が求めたように身体を委ねてくれた女性。

そうやって、自分が求めるように、女性を扱っていました。

一日に複数の女性と関係をもったり、毎日のように違う女性と関係をもったり、自分が満たされること以外、何も考えていませんでした。

現実的には何人もの女性に対して、安易に身体を求めていたのに、自分のなかにあったのは愛されたいという気持ちだから、そのことの酷さやいい加減さが見えていなかった気がします。

自分が相手のために、どこまで自分を犠牲にできるか？　時間や人生、身体、お金をどこまでかけられるかだけが自分の相手への愛を量る術でしたし、同じように相手にもそのことを要求して、本当に無茶苦茶な関わりをもち続けていました。

自分と相手との境界線なんて考えたことがなかったし、もし、境界線があることを認めたとしたら、それは愛よりも生きることを優先する卑怯な人間だと決めつけていました。

精神科病院への入退院が繰り返された頃の医療関係者や家族との関わりでも、相手をそのようにしか見られませんでした。家族をおいて、趣味に夢中になる母親に対して、「お前は俺らを捨てて自分だけが助かろうとするのか?」と罵ったことがあります。

医療関係者に対しても、病院の規則を優先したり私とのことを職員間で相談したりしたら、「お前は俺を裏切るんや!」「俺がこんなに思っているのに、お前は生きることや暮らしを優先するんや」と本気で罵っていました。

そうなってくると駆け引きのように自傷行為をしたり、飲酒や薬物使用を安易にやってしまっている自分がいました。

刑務所に服役するまでは本当にそんなことを延々と続けていました。依存的になっている人がいたときは、その人が私のほうを向いてくれていたら頑張ってお酒や薬物を止めようと思えていたけど、その人が他の人に関心をもったり、相談に乗っていたりしたら、「なんで俺だけがお前のために頑張らないとあかんねん‼」「なんのために酒や薬物をやめたってるかわかってるんか‼」みたいな気持ちになって、まるで仕返しのように飲酒や薬物使用をしていました。

あるときはその人が他の人たちと楽しそうに笑っているのが悔しくて、「俺だってあんたがいなくても人生をエンジョイしているんや‼」と見せつけたくて、酒や薬物を使ったこともありました。

現実は酒や薬物を使って、どんどん落ちぶれていくだけなんだけれど、どうしても、そのことがやめられない自分でした。

ですが、刑務所という環境のおかげで、依存的になっていた人や母親を思い通りにしようとしても、背を向けて出て行ってしまったらどうにもならない現実があったので、少しずつ、自分のなかで受け入れることができるようになっていました。

それまでは相手のことで感情がブレたり、疑いや怒りをもったとき、「相手が何かを言ったからや！」とか、「何かをしたからや！」と本気で思っていたのに、刑務所での生活を通して、目の前にその人がいなくても自分のなかで気持ちが揺れ動くことで、信頼が疑いに変わったり、疑いが信頼に変わったりしているのを認識して、とてもビックリしました。そのとき、初めて、信頼とか不信とかを決めているのは自分なんだと思いました。

不信や疑いを相手のせいにできないなかで、それでも、信じる気持ちを保つことがどれだけ怖いことなのか。傷つくことを恐れずに信じ抜くことがどれだけ怖いことなのかを実感しました。

そのときから、いろいろなものを自分のなかから切り捨てました。私がやらなきゃいけないことは、まずは刑務所での生活をちゃんと送ること。いまの自分には不確かなものを信じ抜くだけの強さはないから、自分自身を取り乱したり不安定にさせるものからは物理的にだけじゃなく、精神的にも離れる必要があることを痛感しました。そうやって、とにかく必死で自分自身を生きることだけをやろうとしました。

そんななかで、わかってきたことは、守って欲しい境界線は自分にもあるんだということでした。そこを踏み込んで入ってこられると気持ちが不安定になったりブレてしまうから、私が私を生きるために踏み込まれたくない、自分を保つための境界線があることがわかってきました。

そのとき初めて、境界線を守ったり、そのための距離感を保つことは、自分が自分を生きるために必要なこと。それは裏切りや見捨てるということではなく、自分が自分を守ってあげることなんだと思いました。最初に、相手に境界線があるんだということがわかったのではなく、自分にこそ守って欲しい境界線があることに気づいたことで、相手も私と同じように、守って欲しい境界線があるんだろうと思えるようになりました。そして、境界線を知り、距離感を保つことは冷たいあしらいじゃなく、互いが互いのままでいるために必要なこと。互いが違いのある相手を尊重し合うために、境界線があり、距離感を守り合っているのだと思うようになりました。

その事実を痛感したとき、生まれて初めて、私には私の人生があり、いくら親しくしている人たちがいても、私の人生は私にしか生きられない。互いに助け合ったり支え合ったりはするけど、私の人生を誰も代わりには生きられないんだ、と思いました。

その事実を引き受けて生きることは孤独だったけど、それが逃げられない現実であり、自分自身を生きることなんだと思いました。ただ、そうやって、私が私を生きるから、本当の意味で出会えた人たちの助けになれたり、支えになれるのだと思いました。

刑務所を出てから些細なことをきっかけに飲酒した自分がいましたが、それからは、常にそのことを思いながら生きています。

いまも、ひとりの家に帰宅するとき、寂しくて仕方がないことがあります。家に帰ってきて、お惣菜を食べて、お風呂に入って、寝るだけの日々です。一日中、動き回っても大した成果も出せずにいるから、なかなか安心して眠りにつくことができないときがあります。そんなとき、やっぱり、昔のくせなのか、酒や薬物、異性が空から降ってこないかな〜とか、わけのわからないことを考えてしまう自分がいます。

そうなんです。安心して眠りにつけない自分や、なかなか満足できない日々を、どうにかごまかしたい、紛らわしたい、逃げてしまいたい自分がいるんです。酒や薬物、異性に没頭して、何もかもを忘れてしまうくらい夢中になりたいんです。そんなとき、依存的な自分を目の当たりにします。

私が過去に、酒や薬物、そして異性に対して何を求めていたか？　それは満足できないその日を満足できるものに変えて欲しかった。極端な言い方だけど、私は誰かに自分の人生を代わりに生きて欲しかったんだと思い知りました。安心して眠りにつくことを、叶えて欲しかったんだと思いました。

ただ、それだけはできへんねや！　冷たいとかそんなことじゃなく、それだけは誰にもできへんねや、と思いました。同時に少しだけ、自分を誇らしく思いました。逃げたかった、紛らわしたかった、ごまかしたかった現実を受け入れ、なんとかかんとか、熟していこうとしている自分が、過去にはできなかった、しなかったことをしようとしている。引き受けて、生きようとしていることが、ほんの少しだけど、嬉しかったです。

物事を歪めずに、そのままを受け入れられる自分じゃなかった

自分のなかで、他者や出来事を歪めて捉えていたことを自覚できたのは、中学を卒業するかしないかの頃の友人との関わりを、ずっと後になって振り返ってからでした。

当時付き合っていた彼女が、私との関係がありながら、一人で高校への進学を考えていたことや、一緒に悪さをしたり遊んでいた友だちが普通に進学したり就職するのがわかったとき、自分だけが置いてけぼりにされるような感情でいっぱいになりました。

私は彼らの気持ちや考えを一切聞いていなかったのに、自分のなかの思い込みや決めつけで傷ついていたし、私のことをなんとも思っていないから、そんなふうにできるんだと思いました。

友だちなのに俺と離れることをなんとも思わないの？

彼女なのに、俺よりも自分の将来を選ぶの？

あれだけ「友だちやで」って言いながら、離れるのが平気なんて本当に友だちなん？

本当は、辛かったり悲しかっただけなのに、そのまんまの感情をどんなふうに受け止めていけ

ば良いのかわからなくて、「アイツらが俺を裏切るんや！」「アイツらが俺を裏切るから、俺はこんなふうに感じるんや！」と、その全てを友だちや彼女のせいにしていました。

精神科病院への入退院を繰り返した頃に、私のもとから離れていった人たちにも心があるなら、なんで一緒に傷ついたり立ち止まってくれなかったのか？　その人がその人自身を生きることさえ許せなかったです。

振り返れば、幼い頃からそうでした。

小学校の頃に、保健室に引きこもってしまった私を訪ねて来てくれた同級生の友だちに対して、「担任に良い顔をしたいからやろ？」「みんなで寝込んでいる俺を見下しに来たんか？」そんなふうにしか思えませんでした。結局、友だちには真意を聞けず、ずっとわからないままでした。

鑑別所や少年院へ出入りしていた頃、夜中に溜まり場で不良友だちとたむろしていると、決まって母親が、当時飼っていた犬の次郎を連れて、私を探しに来ました。友だちと一緒にいるところに母親が来たりしたら格好悪かったし、そんな母親にムカついて「お前、何しに来てんな！」「帰れや！」と罵声を浴びせました。当時の自分からしたら、不良友だちと悪さしたり、悪いことを得意げになってやっていたから、そこに母親が来たりしたら、本当もういらんことすんなや！としか思えませんでした。

大人になってずいぶんしてから、少しずつその当時の母親の気持ちを考えるようになりました。確かにあの頃の私は、自分の価値観にそぐわない母親の振る舞いに対して、「いらんことすんな」と苛立っていたけど、いまの自分から当時の母親の態度や気持ちを考えると、「何も思っていなかったら、夜中に溜まり場まで探しに来ないよな。しかも、夜道が怖いからって、犬の次郎まで連れてやってくるなんて、本当に無理していたんやろうなぁ」と思いました。「何も思っていない人間なら、絶対にせえへんよな」と思いました。当時の私の価値観や思いとは異なっていたけど、母親は母親なりに私のことを心配したり、なんとかしてあげたい気持ちでいたんだと思うようになりました。私が望んだ愛のかたちではなかったけど、母親は母親なりの愛情で私のことをいろいろ考えてくれていたことがわかってきました。

友だちに対しても、家族に対しても、本当に自分勝手な思い込みで裏切られたと恨んだり、腹を立ててきた自分でした。本当にみんなのことを何もわかろうとしないで、逆恨みで生きてきたなぁ。

いまの自分はそんなふうに思えるけど、きっと、あの頃の自分にはそういうふうにしか思えなかった。そのままを受け入れて生きられる自分じゃなかったんやろうなぁ、と思いました。いろいろなものを歪めて捉えてきたけど、きっと、精一杯やった。そんなふうにしか生きられへんかったんやと思いました。

たとえ辛くとも、これからはそのままを受け入れて生きていきます。

コントロール不能

幼い頃から生きることや人と関わることにしんどさや苦手意識がありました。小学校、中学校と、ずっとそんな感覚をもっていました。中学二年の頃から始まった薬物使用や非行は、そんな大きな力に服従させられる苦痛から私を解放してくれました。私が私を生きられる感覚をくれました。

ただ、二〇歳で入院する前は、自分の人生が自分の手に負えず、薬や犯罪行為が自分でしたことであるにもかかわらず、コントロールできない状態になっていました。結果的に起こす問題や家族との不和、何よりも逮捕や少年院、精神科病院入院と、どんどん望まない方向へと自らが突き進んでいきました。

本当は、「自分にはどうしようもない」と音を上げられたら良かったんだけれど、コントロール不能なのにコントロールしようと必死で自力に頼って頑張っていました。

誰も悪くない

精神科病院へ入退院を繰り返していた頃、何人かの友人が自殺をしたり、事故で亡くなりました。父方の祖母には亡くなる直前まで心配をかけました。生前に聞いた祖母の最後の言葉は「あなたのお父さんもお酒で若くして死んだのに、洋次郎までがそんなだったら、おばあちゃん、死んでも死にきれへんよ」でした。

自分が少年の頃から悪さをするようになり、鑑別所や少年院、精神科病院へ入れられてばかりだから、そんなふうに大事な祖母や友だちが死んだときでさえ、近くにいることができへんかったんや。好き勝手に生きてきたけど、心のどこかには、いつもそんな気持ちがありました。

酒や薬物が入ったら、いつも、父親の仏壇の前に座り、泣きながら腕や顔をタバコで焼いていました。そんな私を見かねて、母親は「ええ加減にしい！」と言いにきたけど、私は自傷行為をやめようともしないで「お前に何がわかるねん?」「こんなに苦しいねん」と言いながら、さらに酒や薬物を使い、自分を傷つけていました。毎日のように、そんなことを繰り返す私に、母親はウンザリした顔をしていました。

私はいろいろな人たちの死とか苦しみを抱え込んで、苦しみながら酒や薬物を使い続けました。自分自身の身体を傷つけ続けました。当時はわからなかったけど、あの頃の自分は、いろんな荷を抱え込んで、苦しんでいました。抱え込んで「こんなに苦しいから俺は酒を飲むんや‼」「苦しくて苦しくて堪らないんや!」と、母親に対して感情をぶつけていました。

いまならわかるけど、私が抱え込んでいた苦しみは、自分自身のことというよりは、自分じゃない誰かのことでした。私を見る母親の表情がきょとんとしていたのは、目の前の息子が自分の荷物じゃない他者の荷物を抱え込んでいたからだと思います。私のなかでは辻褄が合っていたけど、その様子を客観的に見ていた母親からしたら、意味がわからなかったのだと思います。母親からしたら、そんなに苦しんで「酒や薬物をするしかないねん!」と言うのなら、「抱え込んで苦しむのをやめたらええのと違うん?」と思っていたと思います。

だけど当時は、本当に苦しかった。そんなふうにしか生きられない自分だったんだと思います。

確かにいろいろな人たちを傷つけながら、自分も傷ついていました。ブレーキの壊れた車で、闇へと突き進むしかなかった。たくさんの人たちに迷惑をかけ、辛い思いもさせていました。ずっと、誰が悪かったのかと犯人探しをしていたけど、本当は、誰も悪くなかったんだと思いました。誰かが悪いとかじゃなくて、そうやってしか生きられなかったんだと思います。いまなら素直な気持ちでそう思います。誰も悪くなかった。本当に、誰も悪くなかった。いまは、過去のことをそんなふうに思っています。

第2章　依存症者としての経験から支援を考える

誰でも回復できるという確信

依存症者と関わる人たちには、どんな人でも必要な手助けを受けられたら、リカバリーできるんだという確信をもって対峙して欲しいです。

自助グループの刑務所や更生保護施設へのメッセージ活動に関する全国的なシンポジウムで、あるひとりのソーシャルワーカーが言った言葉があります。

「私たち依存症者と関わるソーシャルワーカーも、たくさんの依存症者と出会い、交わる必要があります」

「本当に、どうしようもないようなひどい『アル中』さんたちがリカバリーしていく姿がある」

「ソーシャルワーカーとしてその人たちと出会い、関われることは貴重な財産になる」
「たとえ、目の前に『飲まない』と言った数秒後に飲酒していたり、あんなに心配して飲まないことを約束したのに、簡単に裏切って飲んでしまう『アル中』さんがいても、その人の回復を信じられる」

教科書通りにはいかない「アル中」

理屈ではあり得ないことをやってのける「アル中」。それでも、リカバリーを信じて対峙できるのは、たくさんのリカバリーに向かう依存症者と出会ってきたからです。この人にも必要な支援が届いたら必ず回復できると信じているから関わることができる。

飲んだくれている「アル中」を前にしたとき、回復できるんだと確信をもって、目の前のその人と向き合えるか、それとも、「この人は無理やな」と諦めて向き合っているかでは、雲泥の差があります。依存症者本人が、自分自身を信じられなくなっているなかで、周囲にいる私たちまでがその人の回復を信じられなかったら、本当に終わりだと思います。どんな人たちでも回復できるんだという確信は、決して、教科書を読んだだけで得られるものではなく、実際に大変な思いをしながらも依存症からリカバリーしようとしている当事者と関わるなかで、芽生え、育ってくるのだと思います。

これから、依存症者と関わるような仕事や活動に携わる人たちには、ぜひ、自分のこととして、そういった確信をもてるよう、たくさんの依存症者と出会い、関わりをもって欲しいと思います。

回復が当事者の責任なら、支援者や専門職者の責任は？

依存症者の回復の責任について、自助グループでもときどき、話題にあがることがあります。自助グループと出会っている人が、それでもミーティングへ行かず、飲酒を続けるならどうしようもないけど、その存在を知らないまま飲み続けている人たちには、私たちがメッセージを運ばないといけない。

自助グループを知っていて、飲まないために何をしたら良いかわかっているのにしない人には何も言えないけど、それを知らない人たちは、飲まないで生きる選択肢がないまま飲み続けている。

回復の責任は、自助グループを知り、回復のために何をしたら良いかわかっているのにしない人たちに求められること。自助グループを知らないまま飲み続けるしかない人たちに責任を求めてもどうしようもない。そういう意味において、地域福祉も同じだと思うんです。

私自身に置き換えると、精神科病院の入退院を繰り返していた頃にはわからなかったけど、刑務所を出所してから地域生活へ徐々に移行していく過程で生活保護を受給できたり、生活保護を受給するために必要だった手続きや住宅の確保など、たくさんの支援を親や周囲の人たちから受けられました。出所しても何をしたらいいかわからなかったから、とにかくミーティングへ通い続けました。ミーティングへ通い続けるために、役所から交通費を支給してもらえたことも、私にとってとても重要な支援でした。

生活保護を受給できたことで、とりあえず衣食住が確保され、衣食住に関しての不安がなかったおかげで、ミーティング歩きに没頭することができました。精神科医の受診や依存症以外で病院にかかった際の医療費の負担等々、依存症からの回復のために、まずはその部分を徹底できる条件を揃えてもらえたのは、本当に大きな支えになっていました。回復に必要な支援や手助けがあって初めてそのレールの上を歩けた自分がいます。

もし、様々な面からの支援を受けられないまま、レールの敷かれていない道の上を歩くしかなかったとしたら、多分、潰れていたと思います。回復に必要なレールが敷かれ、そのうえで、その道を歩くか歩かないかは本人の責任だけど、レールが敷かれていないなかで本人にだけ回復の責任をもつように要求しても、それは偏っていると思います。本人に回復する責任があるように、私たちにもちゃんと支援を届けることや、そのレールを敷く責任があると思います。

こちらが支援を何も提供できていないのに、本人に「回復しろ‼」「この道を歩け‼」と言っても、どうしようもないことだと思います。本人の責任は本人に任せるとして、私たちは自分の責任について、しっかりと検討していく必要があると思います。

本人の努力も必要だけど、努力が活きるのはレールがあるから

依存症の本人が頑張ったり努力したりするのは大切なことだけど、それらはレールが敷かれて、初めて実践できることだと思います。

依存症がひどい状態で、酒や薬が止まらないなかで努力だけに頼るのはナンセンスだとも思います。そもそも、依存症は病気なんです。

私が少年院にいた二五、六年前は、まだまだ「意志と根性で薬物をやめろ！」「薬物関連の犯罪

に走るな！」と盛んに言われていたと思います。周囲の専門家もそう思っていただろうし、依存症者本人も、その家族もそう思っていたと思います。

少年院でお世話になった法務教官と、三五歳頃に自助グループの刑務所メッセージ活動で再会しました。昔は「意志と根性で頑張れ」だったけど、いまは自助グループという外部の力を頼るようになっていました。

その法務教官が「アルコールや薬物依存症は病気らしいなぁ！」「意志の力が働かない病気らしいなぁ〜」と言っていました。刑務所という国の施設が、自分たちの力だけでは無理だということを認め、外部の力を借りるようになっていたんです。刑務所も、依存症に対して認識を変化させていました。

少年院や刑務所を出てすぐに働ける人間も確かにいると思います。しかし、仕事に就いたりするよりも先に、徹底した回復のための行動をとるほうが良い場合もたくさんあります。生活保護を受給したり、「いちご」のような依存症からのリカバリーを支援している施設とつながることも大きな助けになります。施設内の取り組みや人間関係が自らの成長へとつながるし、しっかりと自分自身が育っていけば、仕事仕事と言わなくても自然と働けるようになる人たちもいます。

逆に言えば、自分自身が育っていないなかで仕事をしたり、仕事を通した様々な人間関係をもつことで、それがストレスになり、簡単に薬や酒を使ってしまう場合があります。

ここでいうレールとは、その人にとって必要な支援です。社会一般を基準としたり、一般化した見方ではなく、あくまでもその人自身を中心にした、個別的な見方が大切です。

私自身が刑務所を出所した際に、施設内の生活から地域内での生活へとスムーズに移行していけたのは、やはりいろいろな人たちから支援をもらえたことで、目の前にレールが敷かれたからでした。私はそのレールの上に乗り、そこを歩いたに過ぎないのかもしれません。レールが敷かれていない状況下で、自身の努力だけで「歩け！」と言われてもどうにもならないんです。

レールを敷くのは、誰の責任？

依存症者が病気を正しく理解して、回復していくことが本人の責任なら、医療者には医療を提供する責任があり、ソーシャルワーカーにはソーシャルワーカーとしての責任があると思います。

依存症から回復するのは本人の責任かもしれないけど、様々な専門職者にはその分野において、やれることをちゃんとやっていく責任があると思います。

依存症者が再入院したり刑務所へ服役したとき、本人の責任についてだけ言及されるけど、そこに携わった専門職者には何も責任がなかったのか？ 依存症者は医療の専門家ではないし、福祉の専門家でも教育の専門家でもありません。いろいろな立場の専門家が協力したり、そこに依存症者本人も耳を傾け、一緒にやっていくことで見えてくる回復の道筋、プロセス、レールがあるのではないのでしょうか？ 依存症者本人が支援を求めたくとも、医療や福祉の専門家じゃないから何が必要なのかわかりません。そのためにこそ、いろいろな分野の専門家がいるのではないのでしょうか？

依存症者の回復は、レールとその上を歩く人のやる気など、いろんなものが織り混ざって見えてくるものだけど、そこにはそれぞれの専門分野があると思います。医療者には医療者にしか提供できないことがあり、福祉職者には福祉職者にしか提供できないものがあります。そこにある責任を見ず、再飲酒や再使用の責任について、依存症者本人にのみ負わせるのは、どうなんだろうと思います。

医療者や福祉職者がそれで良いと考えるなら、「専門家」なんて言わなければいいいんです。最初から責任をもつ者として看板を上げなければいいんです。専門家を名乗る以上、しっかり責任をもって向き合っていかないといけないと思います。

施設太郎

「施設太郎」という言葉を初めて聞いたというか、言われたのは、少年の頃に鑑別所に入っていたときでした。鑑別所の法務教官が隣接していた大阪刑務所の赤煉瓦の塀を指差しながら「お前たちも更生しないとあんなふうに大人になってからも塀のなかでの生活を送るようになるぞ」「矯正施設のなかでしか生きられない『施設太郎』になるぞ」と言いました。

そのときは、疑いもなく自分はそんなふうにはならないだろうと思っていましたが、結果として振り返ると法務教官が言っていた通り、少年院や刑務所、精神科病院を転々とする人間になっていました。

「施設太郎」という言葉にはいろんな意味があると思いますが、一番はやっぱり、矯正施設や精神科病院みたいな規則や決まりごとがある環境で生きてきたことで、自由な社会のなかに入っても、なかなか自分で考えたり、決めて行動することができなくなっていくことだと思います。

私がそのことを認められたのは刑務所を出所して、地域のなかで暮らし始めたとき、自分に何ができるか、自分は何がしたいのか、自分には全くわからないと理解できたときでした。

矯正施設や精神科病院にいたときは、そんなふうには思ったことがなかったのですが、刑務所を出所して一人で生活していくとなったときに、その事実を目の当たりにしました。一日中、何をしていても良い環境に身を置いて初めてそのことがわかりました。

依存症者が、単に「アル中」が酒を飲まないとか、「ヤク中」が薬を使わないだけではリカバリーと言えないのと同じで、「施設太郎」といわれる人間がいくら地域に暮らしていても、自分で考えたり、決めて行動できる力を培っていかなければ、結局は規則や決まりごとのなかでしか生きられないまま。それで本当に回復とか更生と呼べるのでしょうか?

私たちが依存症から回復していくために、酒や薬を使わないことは重要なことだけど、それだけなら精神科病院に入院したり、刑務所に服役すればできること。

施設でしか暮らせなかった人間が地域において自分で考えたり、決めて生きていけることが、本当の意味での「施設太郎」からの回復なんだと思います。

就労は一つの手段

第一部第3章でも書いたように、私が「いちご」につながり、就労支援を活用して取り組んだのは、不法駐輪の整理やお風呂屋さんの清掃、地域の公園などの芝刈り作業等々でした。

私の現在の「いちご」での仕事に関してや、私自身のいまに至るプロセスにおいても就労支援は大きな意味をもっていました。それは、決められた仕事を熟す力や続ける力を培うことだったし、様々な人間関係のなかにいる自分自身を知ることでした。自分自身と向き合ううえで必要な課題提起をできたのも、様々なことに取り組んだからでした。働いた対価として受け取った工賃やお給料は私の内面から自己理解を変えたし、ある種の自己有用感を育んでくれました。

現在は「いちご」の仕事に従事することで一緒に働く人たちがいます。依存症からの回復を支援する仕事なので、共通項をもった様々な人たちと出会い、交流する機会があります。他者との出会いや交流、社会参加は就労を通して得られるところが多いと感じています。

確かに、趣味や他に何かしらの活動をしていたら、そういった仲間みたいな存在を得られるのかもしれないけど、依存症当事者で精神科病院や刑務所での生活ばかりを送ってきた人間にとって、そういった地域に暮らすいろいろな人たちとの接点や共通項は見出しにくいものです。

これは就労している人間が優秀で、就労していない人間は劣っているということではありません。日本社会では「就労していて当たり前」みたいな風潮もあるのかもしれないけど、私が考える就労は、あくまでも自分という人間や人生に、何か得るものを与える手段だと思っています。手段なので、当然、人によって他の方法がやりやすかったり、もっと適切だったりする場合があると思うし、それで良いと思っています。

確かに、就労しないとそういった社会参加の機会や感覚が得られないことは悲しいことだし、おかしいことだと思います。多様な価値観や生き方が受け入れられる社会においては、どんなふうに生きていても、その人らしく、その人が納得できる生き方を送れるものであって欲しいと思います。

働ける人、働けない人、働かない人、いろいろな人たちが就労の有無にかかわらず満足できる社会であって欲しいと思います。

繰り返しますが、就労はそれ自体が目的ではなく、あくまでも手段に過ぎません。大事なのは就労という手段を用いて何を得られるか？　だと思うんです。だから、得たいものを得る手段が他にもあるならそれでもいいと思います。自分に適した手段や方法を用いて、結局はどう生きるか？　自分自身や人生に何を見出したり、育めるかだと思うんです。

支援はその人にとっての意味や目的に寄り添うべき

私自身が「いちご」の利用者だったときは、あまり深く「いちご」の存在意義について考えたりしたことはありませんでした。

それよりも、「いちご」に通っている利用者さんたちのたわいもない言葉のなかから、その人にとって「いちご」はどういった意味をもっているのかを痛感させられることがあります。

たとえば、現在、私が勤務している「いちご長居」（大阪市住吉区）は、月曜日、火曜日、木曜日、金曜日、土曜日と開所していて、水曜日と日曜日が休みになります。ある利用者さんが木曜日に来所され、ミーティングのなかでこんなふうにおっしゃっていました。

「水曜日は、『いちご長居』がお休みやから、一日中、外を歩いていました。で、木曜日になって、開所になってくれたのでここに来ています」と。

アルコールや薬物依存症者の多くは家庭や仕事を失っていたり、精神科病院、刑務所へ入った経験をもっています。いろんな状況のなかで、家族や友だち、仕事や人間関係を失ってきている人が多いのです。

仕事をしていたり、家族や友だちがいる人には想像できないかもしれないけれど、そうやって様々なものを失い、絶ち切られた人間にとっては、街に暮らしていても、それは単に肉体が街のなかに置かれているだけで、社会や他者とつながっていないんです。なんというか、身体は街のなかにあるけど、何とも、誰ともつながっていない。全てから絶たれた感覚があるんです。だから、その利用者さんは、一日中街を歩いていたのだと思います。

そんなふうに生きてきた依存症者にとって「いちご」は、ときに社会や他者とつながり直す機会だったり、社会や他者とつながっていける場になり得るんだということです。社会や他者と接点を失った人間が「いちご」でいま一度、それを取り戻すことが可能になる。いや、「いちご」に来ること自体がすでに社会や他者との接点になっているんだと思います。

依存症者もいつかは、自ら「いちご」以外の場や人間関係のなかでも、その人たちとの接点を取り戻せると思います。ですが、「いちご」はその取っ掛かりの役割を果たしているんだと利用者さんの話に気づかされました。

また、依存症者が断酒・断薬を一年続けることは、当たり前だけど、一つ歳をとることでもあります。五年、十年と断酒断薬が続けば、五歳、十歳と年齢を重ねます。歳を重ねることで身体が弱ってきたり、病気を患うこともあります。

いままでは外部作業で身体を動かせていた利用者さんが、身体を動かすのもキツくなったりする場合があります。アルコールや薬物を断っていながら、癌が見つかり、闘病生活に入る利用者さんもいます。

「いちごいちえ」という生活介護の事業を開始して五年くらい経ちますが、本当に様々な事情や状態のなかで、利用者さんは「いちご」や「いちごいちえ」に通われています。きっと、私にはわからないようないろんな思いをもって、「いちご」や「いちごいちえ」を利用されています。人の数だけ「いちご」や「いちごいちえ」がもつ意味合いや目的はあって良いのだと実感します。

若い人にとっても、歳をとった人にとっても、男にも女にも、ＬＧＢＴＱの人にも、前科者にも、精神科病院に入っていた人にも、アルコール依存症や薬物依存症等、依存の問題があるのなら、やはり「いちご」のような場所や人間関係は必要なんだと思います。そこにどんな意味合いや目的をもつのかは人それぞれだけど、どんな人たちにも行ける場所や会える人たちが必要なんだと思います。

「いちご」にはいろんな道を生きてきた人たちが集い、その場を自分の思うように活用します。それを自分のものとしていきます。そんないろんな意味合いや目的をもてる場所や人間関係が、貴重なんだと感じます。そういったコミュニティを失いながら生きてきた人たちにとっては、本当に再生を果たす場にもなり得ることを実感しています。

フィルター、色眼鏡越しには本当の姿は見えない

一人のアルコール、薬物依存症者として自助グループのミーティングへ参加していたとき、私は自分のものさしで仲間のことを判断したり、ジャッジしてしまっていました。自分より先にミーティングへつながっていた仲間に、よく愚痴を吐いていました。

「アイツの話は面白くない‼」とか「アイツはあの話ばかりしてて、聞いてても意味がない！」とか。

しまいには「アイツのやり方は自助グループ的じゃない」とか、自助グループの伝統をもち出して、いかにも私個人ではなく、みんなにとって不利益になる！　みたいなことを言っていました。その都度、仲間は「あなたにとっては必要ないかもしれないけど、あの人の話を必要とする人がいる」「少なくとも、自助グループはあの人のことを受け入れている」「あなたが個人的に嫌うのは自由やけど、自助グループが彼を嫌い、彼を受け入れないなんて言うのはおかしいよ」と言ってくれました。

私たちがやっているのは経験のわかちあい。自分たちがもっている経験をそこに差し出し合い、わかちあっているのがミーティング。決して一つの正しさや結論を出すための話し合いではないんだと教えられました。

そんな色眼鏡、フィルターを通して見てしまう癖がかなりマズイなと思ったのは、「いちご」で仕事として利用者さんたちと関わるときでした。

「いちご」に通ってくる人たちは本当に様々な経験を経てつながってこられます。専門病院での初期治療を終えてから来られる人もいれば、退院後、すぐに通って来られる人もいます。また「いちご」に来だしてから飲酒したり、入院する人もいます。

そんななかで、利用者さんと面談をしたり相談を受けた際に、最初は落ち着いて利用者さんの話を聞けているのに、あまりに否認が強かったりこちらへ感情をぶつけてきたりしたとき、ついつい、こちらも意地になって、相手の言っていることや考えを否定してしまったりすることがあります。そこで交わされている言葉だけを素直に聞いていれば良いのに、たとえば、言っていることが以前と一緒で、以前はそのことで約束を破ったりしていたら、どうせまた、約束を破るんだろうと思ってしまったり、試行錯誤して、物事を自分の都合の良いように運ぼうとしていたら、「また飲む気やな！」と思ってしまう自分がいます。

その人が過去にしたことを蒸し返したり、どんなことを話していても「結局は飲みたいんやろ！」みたいな決めつけでしか相手の言葉や態度を見られていなかったりします。

きわめつけは、「自分はやめたての頃はミーティングへ一日に三回とか四回行っていたし、それくらいしなければ酒や薬は止まらへんで！」と自分の考えを押しつけたり、自分のやり方だけが唯一だとして他を受けつけなかったりと、本当に厄介な自分の側の問題が炸裂してしまったりすることです。相手のとった行動や態度の動機を勝手に決めつけてしまっているんです。

そのたびに、支援者としてなっていない自分を思い知ります。

自分のものさしや経験を通してしかその人を見られなかったら、それは支援者ではないですよね。私ではなく、その人自身を理解し支援をしていかないといけないのだから。

そんなことを何度も何度も繰り返してしまう自分自身に、ウンザリすることもあります。

感情的に飲み込まれないためにもセルフケアを入念に

誰しもが気をつけなければいけないことだと思うけど、依存症の当事者スタッフは特に気をつけたほうがいいかも！　と個人的に思うことがあります。

たとえば、体調が悪かったり身体の調子が良くなかったりすると、人から言ってもらったことや、やってもらったことを悪くとって、嫌な気分になることがあります。「元気にしているん？」などでも、体調が良いときなら「気遣ってくれているんだなぁ〜」と嬉しくなるけど、体調が悪くて気分が沈みがちのときに言われたら、「わざわざうるさいなぁ〜」「ほっといてくれ」という気持ちになったりします。

こんなふうに自分の気分や体調一つで、人の言葉や態度の受け取り方が、全く変わってくるんです。自分の気分や体調の悪さを通して、その人の言葉や態度の意図を想像してしまうんです。そうなったら、その人への支援どころではないです。その人に自分自身の問題を投影して振り回されてしまっている状態になっているんです。

だからこそ、体調を整えたり、その都度その都度、自分自身のセルフケアを徹底していかないと、物事を簡単に歪めてしまいます。相手の問題と自分の問題の区別がつかないくらい、精神的な距離が保てない状態になります。いくら相手が本当のことを言っていても、その状態のときは言葉の裏を読んだり、真意を決めつけてしまうことになります。支援を必要としている人に対してそんなことをやっていたら何の支援にもならないどころか、余計に相手を追い詰め、不要な問題まで生んでしまいます。

本当に、毎日毎日、同じことを繰り返していますが、少しでも自分と相手とを切り離して、その人自身を理解できる自分になっていきたいです。それがあまりにひどくて、「自分は支援者には向いていないんだろうなぁ〜」と落ち込む日々ばっかりです。

何が効果があるかなんて、誰にもわからない

私が精神科病院に入院したときに紹介された自助グループは、断酒会とAA（アルコホーリクス・アノニマス）、NA（ナルコティクス・アノニマス）でした。

入院したての二〇歳の頃は、断酒会のように上下関係がハッキリした集まりのほうが居心地が良かったです。年齢の上下に関わらず、断酒会においての先輩後輩として相手に対しての言葉遣いや態度を決めれば良かったからです。

逆に、ＡＡのように自分がどこの誰かも明かさず、相手もどこの誰かわからない、年齢もわからないとなると、どうしても自分を基準にして相手とのコミュニケーションを考えたり、言葉遣いを考えるしかない。

この人にはタメ口で話したらいいのか？　この人には敬語を使うほうが良いかな？　と悩んだり、相手の言葉遣いで、「俺を先輩やと思っているんやなぁ」と思ったり、「コイツは俺を舐めているなぁ！」と思ったり、本当に余計なことに気を回し過ぎてしまうのです。

断酒会のように自分の気持ちや考えにかかわらず、先輩だから敬語を使っている、後輩だから偉そうに話してもいい！　というスタイルのほうが、いちいち悩まず話しかけたり会話することができるので、私には合っていました。

断酒会が合うか、ＡＡが合うかなんて本当に人それぞれです。断酒会が合う人もいるし、断酒会で、長らく断酒している人たちがいるのも事実です。

ただ、私自身は断酒会のように自由ななかに自分の立ち位置を見出していくことが課題でもあったので、そのようにしていただけです。本当に、何をどのように活用したら効果的になるかは、人それぞれなんだと思います。

精神科病院での医療関係者からの扱いにしてもそうだし、刑務所での生活に関してもそう。何がどのように自分に効果的に働くかなんて、自分にしかわかりません。精神科病院へ入院できたことが回復につながる人もいれば、刑務所に入れたことがその後の回復につながったという人もいると思います。

そしてそれは、「いちご」という事業所や提供する支援に関しても同じことが言えると思います。私の場合は「いちご」の支援を活用することによって、自分自身の取り組むべき課題がいくつも見えてきたから回復や成長につなげることができたけど、人によってはそれ以外の作業をやって、回復や成長に取り組んでいる場合もあります。

私に効果があったからといって、みんなにもそれが同じように効果的であるかどうかなんてわからないんです。だからこそ、いろいろな選択肢のなかから自分に合う作業や人間関係を見つけていくことが大切なんだと思います。

依存症からのリカバリー

依存症からのリカバリーには、単に酒を飲まなかったり、薬を使わないだけではなく、アルコールや薬物を必要とした生き方から必要としない生き方へと変わっていく必要があると思います。精神科病院の閉鎖病棟や刑務所へずっと入っていたら、アルコールや薬物を使わないでいることはできますが、はたしてそれがリカバリーなのでしょうか?

これまで何度も繰り返し述べてきたように、アルコールや薬物の溢れている社会のなかで、それでもアルコールや薬物を使わずに生きていくためには、自助グループのミーティングへ参加したり、自分と同じような依存の問題をもった仲間たちとのつながりが必要不可欠です。

自助グループのミーティングへ行くと、なんで酒や薬が止まるのか、私にはわかりません。ただ、自分ひとりで頑張っても酒や薬が止まらなかったから、自分以外の力を頼ろうと思いました。そして、いまはアルコールや薬物が止まっています。

私にとって、自助グループのミーティングや仲間の存在は、アルコールや薬物を止めるためだけじゃなく、自分ひとりでは受け入れられなかった自分自身というものを受け入れるために、どうしても必要でした。自分では自分のおかしさや言っていることの矛盾に気づけませんでしたが、ミーティング場で仲間の話を聞いているうちに、私にも似たようなところを見つけたり、辻褄の合わない話をもっともらしくしている姿を見て、自分も全く同じことをしてきたことに気づかされました。


「酒を飲んで家族に迷惑をかけてきた」

「無断欠勤をして会社にも迷惑をかけた」

「精神科病院に入院をして、今度こそはと反省して二度と繰り返さないと誓ったのに、退院してすぐに『一杯くらいなら大丈夫!』と思って飲酒したらそのまま酒が止まらず、再入院をしてしまった」

「退院が近づいてきたら、今度こそはとまた同じように頑張るけど、家族に冷たくあしらわれて腹が立って、また飲酒してしまう」


本人は自分の言っていることのおかしさに気づかず、一生懸命話しているけど、聞いている私にはどう考えてもおかしいとしか思えない話を延々としています。仲間が自分の言っていることのおかしさに気づかないまま話している姿を見ていると、依存症はどれだけ自分自身を見えなくさせていくのかを思い知らされます。そしてミーティング場で仲間が話すことをみんなが笑って受け入れているのを見て、私もいまは酒や薬を使っていないけど、おかしなことばかり言ったり、やったりしていることに気づき、仲間のおかげでそんな自分を受け入れることができています。

非行に走り、犯罪を繰り返したこれまでの日々。成人になって精神科病院への入退院を繰り返したときも、本当はいろいろな気持ちが自分のなかにあったけど、なかなか素直に受け入れることができませんでした。

三〇歳から服役した刑務所でも、嫌な思いや苦しい思いをしたけど、それ以上に大変だと実感したのは、社会から強制されて送る不自由な生活ではなく、自由な社会のなかで生きていくときに鮮明になる、嫌なことやしんどい出来事を、どうやって受け入れながら生きていくかでした。

また、自分がアルコール依存症や薬物依存症である以上、どんなに理不尽な目に遭ったとしても、それが一杯の酒や一回の薬を使うことの正当な理由にはなりません。たとえ、そこにきっかけがあったとしても、それで酒を飲んだり薬を使った結果をないことにはできないんだということでした。

自由な生活のなかで我慢する理由がわからない、嫌なことやしんどいことをやるときに、なんで自分の気持ちを我慢してまでそれをやらないとあかんのかが理解できない自分を、生まれて初めて認識しました。一言でいえば、自分のなかに我慢する理由を見つけられないでいたということなんです。なんでそうするのかもわかっていないのに我慢させられるのは、本当に悔しいことでした。

そんなふうにして、これまで生きてきましたが、刑務所の独居房にいたとき、なにがなんでも我慢しなきゃならない状況になって、生まれて初めて自分のなかにその理由を探しました。

目の前の廊下を受刑者の炊事当番がご飯を配って回ります。刑務所の職員と親しく話せる受刑者の振る舞いや発言に、いちいち苛立っていました。「なんとか出て行ってくれへんか？」とも考えたりしました。そんなふうに、その受刑者が視界に入ったり声が聞こえるたびに、毎日毎日、苛立っていました。

過去の私の生き方は、そういった自分にとって都合が良くない人が現れると、そいつを追い出すか自分が逃げ出して、とにかく状況の改善をはかっていました。生き方そのものが、その相手を追い出すか、自分が逃げ出すかだけでした。だから、刑務所での「いざこざ」みたいに、相手も出て行かないし自分も逃げ出せない状況になってしまうと、どうにもならなかったんです。そのとき、生まれて初めて、自分を直視しました。自分を見ていくことにしか突破口がありませんでした。そのとき、私は、確かにその受刑者の態度や発言に苛立つ自分がいることに気づき、だからといって文句を言えるような強気な人間ではないことを認めました。つまり、プライドは高いけれど、かなり「ビビリ」な人間、臆病者なのが自分であることを認めたのです。そんな自分のなかにある両極端な性質の板挟みとなり、苦しんでいたんです。

そのことを認めてしまえば、あとは簡単でした。そんな自分が恥ずかしかったり、しょぼんとしたりするけど、最終的に受け入れるほかないと気づきました。相手や環境が一切変わらないとわかったとき、結局は自分の側にしかその先へ進む突破口がないことを思い知りました。

ただ、最初はそんな自分を惨めな負け犬みたいに感じていたけど、ある時期からそれが自分自身を大切にできていることなんだと思えるようになりました。

現在は、刑務所を出てから十年以上が経ちましたが、そんなふうに自分自身と向き合う生き方は常に自分のなかにあります。

たとえば、電車に乗ろうと駅の階段を駆け下りたけど間に合わなかったときや、券売機で乗車券を買おうとしているのに、前の人がペチャクチャお喋りして進まないときはカッとなります。

そんなとき、一瞬「電車め、わざとか！」とか「遅いやんけ！」って気持ちになりますが、すぐに自分を直視することができたら「電車は洋次郎さんに合わせて走ってくれるの？」とか「世界の中心が洋次郎さんなんてすごいなぁ〜」となり、恥ずかしさで一杯になります。結局、その恥ずかしさやしょんぼりする自分を認めていくほかに、突破口はないんだと思います。

仕事をしたり、いろいろな人間関係のなかで生きていても、それは同じです。一瞬は相手のせいにしてしまっても、すぐに自分の側を点検することから、自分や自分の考え方を変えることができます。相手や周囲を変えなくても自分が変わることで受け入れられることはけっこう多くあります。そうやって、生きていける術を見出せていない状態では、なかなか他者との関係をもちながら、共存していくのは難しいと思います。

幼い頃からの親の教育やしつけからは、このような生きていく術を身につけることができませんでした。小学校、中学校にあがってからも、それは同じでした。鑑別所や少年院、精神科病院や刑務所も同様で、私自身が自分で考えたり、決めて、行動する力を培う機会はありませんでした。周囲から加えられる力や強制力、同調圧力からは、私が私自身を生きる力は育たなかった。いや、もともと芽生えさせることができなかったと思います。

私が繰り返してきた条件つきの人間関係や他者との関係性。「人より強くなければならない！」とか「優秀じゃなければならない！」と思わされる関係性のなかでは、その人自身が生きる力や指針は育ちません。

十代の頃から、弱さを否定し、強くなることや勝つことだけに必死になってきたけど、依存症の仲間のなかで、弱さはなくすものではなく、弱さがあるからこそ、どうやって生きたら良いのかがわかるんだということを教えてもらいました。素手で熱いストーブを触ったら、痛い思いをするから、次は同じ思いをしないように熱いものを避けるのと同じで、弱さや怖さがあるから頭を下げたり、逃げることを選ぶ。それでも怖さを隠して強がらないといけない生き方ではなく、弱さや怖さがあるときは逃げ出したり回避する。等身大の自分で生きるとは、怖いときは逃げ出せる自分をちゃんと認めてあげられることだと思いました。

身の丈を知り、身の丈で生きるのは、実は自分自身を大切にしたり、尊重してあげられることなんだと理解することができました。少しずつでも自分という人間を理解できているから、自分以外の他者という存在のなかで、自分自身をもちながら生きていけるんだと思いました。

結局、社会の既存の教育や人間関係には、それらが欠如しているんです。個性個性というけど、結局は集団のなかでうまく立ち振る舞える人間をつくっているだけ。従順に動く人間をつくっているだけなんだと思います。

アルコール依存症や薬物依存症になったおかげで、自助グループやその仲間たちと出会うことができました。回復のプログラムを通して、手にしてきたのは、そうやって私自身を生きる生き方でした。年齢不相応でも、その人のペースとスピードを尊重してくれる仲間がいることで、ありのままとか等身大、身の丈がわかり始めました。そうやって、受け入れてくれた仲間たちのなかで育っていったものは、私が生きるためには必要不可欠だった生きる指針、羅針盤、方向性でした。

いまもミーティングへ参加していますが、酒が飲みたいときや薬が使いたいときは普通にあります。仕事をしていて、めんどくさかったり、やりたくないと思うことも普通にあります。

そのとき「酒や薬は使ったらあかん！」とか「仕事はサボったりめんどくさいと思ったらあかん！」と思い込んで別の選択肢を選べない状況だったらどうだろう。多分、続いていないと思います。本当に飲みたくてどうしようもないのなら、飲んだらいい。仕事もしんどくてたまらないなら、やめるという選択肢もアリです。

飲む／飲まない、やる／やらないを本人に任せたら、飲んだらどうなるか、飲まなかったらどうなるかを考えようになります。選択肢を奪うことは、飲んでしまった事実やその結果としての責任を見えにくくさせてしまう。したくてしているんじゃない、したくないのにさせられているだけじゃ、結果に対しての責任も本人のなかで、主体的には見えてこないんだと思います。そうやって、いろいろなかたちをとって学んでいけることがプロセスとして私の生き方をつくってくれているんだと思います。

アルコール依存症や薬物依存症からのリカバリーもそうですし、犯罪からの離脱や更生、地域においての生き直しにしても、主体性は必要不可欠だと感じています。

そうじゃないのなら、それは周囲にとって都合がいいようにつくり変えられただけで、主体が常に周囲や他者にある偽物の生き方でしかありません。

私が私を生きるためには、やはり、生きていけるだけの自分づくりが必要不可欠だと思います。

アルコールや薬物を断ち、家族との生活をともに送れるのは、私が私という人間を知っているからなんだと思います。アルコールや薬物を使わない生活のなかで仕事をしたり、家族との関係を再構築していく仲間もいます。そんな生き方の土台にあるものが、自分を知っていることだと思います。社会的な成功や評価に頼るのではなく、自分のなかに生きていくために必要なものを培っていくことがリカバリーだと思います。

自分づくりをすると、自助グループや仲間の大切さにも気づいていきます。自分が素面で生きていくためには、そういった仲間たちとのつながりのなかから生まれる力に頼るしかありません。素面での仕事や人間関係をもつことで、自分の生きている世界が広がります。ずっと固執していた価値観にも変化が生まれます。私という人間の本質は変わらないけど、生き方や考え方、価値観は変わっていきます。

小学校や中学の頃は、教室の自分の席に座って、真面目に勉強をしている友だちのことを、「真面目にやっていて何が楽しいん？　アホちがうか！」と思っていて、勉強していた友だちの我慢や苦労を最後まで知らないできました。ですが、投げ出さずに我慢したり折り合いをつけてきた友だちの我慢や苦労を知っていくうちに、いまは嫌なことを投げ出すのは簡単だけど、もしかしたら「アホらしい」と投げ出さずに、努力を続けるほうがしんどいのかもわからない、と思うようになりました。そうすると、自分にはできなかった、したくなかったことを我慢してやっていた友だちのことを、「すごいな」と思うようになりました。同じように、私には知らないことがたくさんあることがわかってきました。知らないことだらけだった自分を知ることができました。「井の中の蛙大海を知らず」ではないですが、卑屈さではなく、素直な気持ちで、世界は私の知らないことだらけなんだと思いました。同時に知りもしないのに、知っているふうに思ってきた自分を「食わず嫌い」な人間だったと認めることもできました。

そんなふうに、自分のことを「井の中の蛙」で、「食わず嫌い」な人間だったんだと認められたことで、自分から世界に飛び出そう、社会のなかでいろいろな人たちとともに生きてみようと思うようになりました。酒や薬を使っていた頃は、自分は世の中の楽しさの全てを知っている、くらいに思っていましたが、いまは、何にも知らないまま生きてきた自分なんだと認めることができました。そうやって徐々に自分の世界が広がりました。仕事をしたり、介護職の資格を取得したり、いまさらだけど、通信制の高校に通い始めたのも、自分が何も知らない人間だったことを認められ、やったことのないいろいろなことに挑戦してみたい！　と思えたからでした。

リカバリーってそんなふうに、単に酒や薬をやめるだけじゃなく、自分の世界が広がったり、人生の意味合いが変わってくることも含まれていると思います。人が嫌いだと思い込んでいたけど、実は人のことが好きな自分に気づいたり、めんどくさかったり、したくないことでもやれる範囲で頑張ってみようと思える自分がいることに気づけたり、本当にリカバリーって奥が深いと思います。

単に酒や薬をやめるだけではなく、新しい今日を新しく生まれ変わった自分で生きられることがリカバリーなんだと実感しています。

依存症者にも、その家族や友人にも、体験して欲しい

私が精神科病院で、アルコール依存症や薬物依存症と診断されて、酒や薬をやめないとあかんと言われたときに感じたことは、

「素面で生きるなんて絶対、嫌や！」

「素面なんて面白くもなんともない！」

「また、あの頃みたいに人にいいように使われて、惨めに生きるだけやん！」

そんなふうにしか思えませんでした。私にとって、酒や薬は感じられなくなっていた心を豊かにしてくれ、失った喜怒哀楽を蘇らせてくれるものだと頑なに信じていました。だから、それらを失うことは、生きる一切の楽しみを放棄し、自分が世捨て人のように生きることを強いられるくらいに思っていました。そして長い時間、素面で生きることとはそういうことだと頑なに拒み続けました。

そんななか、大阪で、自助グループのコンベンションがありました。会場にはたくさんのアルコール依存症者がいました。普段からミーティングへはたくさん参加していたので、ほとんどが知った顔ぶれでした。そのとき「俺はこの人たちがアルコール依存症者だと知っているけど、もし、知らない関係者の方たちがこの光景、この仲間たちの姿を見たら、ここにいるみんながアルコール依存症者だと本当にわかるんだろうか？」と思いました。

会場にいた仲間たちは、マイクをもって騒いだり、仲間同士でワイワイガヤガヤ話していました。楽しそうに走り回ったり、ハグし合っている仲間もいました。私は何度も会っているから、その人たちがアルコール依存症者だと知っていたけど、もし知らなかったら、本当にこの人たちは、アルコール依存症者だと思ったかな？　そんなふうに思うくらい、そこにいたみんなが楽しそうで、生き生きしていたんです。

そのとき、私のなかにあったアルコール依存症を認めることや自分がアルコール依存症者として生きることに対してのハードルが、大きく下がったのがわかりました。

私にとってアルコール依存症を認め、アルコール依存症者として生きることは、一切の楽しみを放棄し、世捨て人のように生きることだと思っていたけど、目の前にいるとても楽しそうに生き生きと生きているアルコール依存症者の仲間たちの姿を見ていたら、「自分がアルコール依存症と言われた事実は変わらないし酒は飲まれへんのやから、とっとと酒なんてやめて、アルコール依存症者として生きるほうがいいのかもしれへん。こんなふうに生きられるんやったら、アルコール依存症者として生きるのもええかもしれへんなぁ〜」と思いました。

自分がアルコール依存症なんだと認めて、酒のない生き方へ一歩を踏み出すのが不安で怖かったけど、「こんなふうに生きられるんなら、とっとと向こう側へ踏み出してもええんちがうかな!」と思えました。誰だって、未知なる世界へ踏み出すのは怖くて当たり前。ただ、そこにいた仲間たちは、未知だった世界を私に見せてくれました。酒のない生き方や酒のない世界を見せてくれたおかげで、一歩を踏み出すそのハードルが下がりました。そして、下がったハードルを越えて、一歩を踏み出して生きていく気持ちをくれました。日本や世界中のアルコール依存症の仲間が、私に素面で生きることの喜びや希望をくれました。素面で生きるのも捨てたもんじゃない。いや、素面で生きるからこそ、いろいろなことができるんだと身をもって教えてくれたのは、そうやって生きているたくさんのアルコール依存症の仲間の姿でした。飲んでボロボロになっていく仲間もたくさんいるけど、飲まないで生きている仲間も本当にいろいろなんだ！　飲まないで生きることは、こんなにも多様なんだと思えた体験は、私にとって何よりの希望になりました。

だからこそ、アルコールや薬物依存症の本人にも、その家族や友だちにも、仲間と出会い、交わる体験をして欲しいと思っています。飲まないで生きることや素面で生きる生き方に大きな希望と力強さを感じさせてくれると確信しています。

大学でゲストスピーカーをして

昨年度（二〇一八）、「いちご」に啓発部門が立ち上がりました。昨年度の間に、一九カ所もの大学へ、「いちご」としての出前講演や、私個人をゲストスピーカーとして呼んでいただきました。たくさんの学生の方々と出会い、交流する機会をいただいたなかで、様々な感想や意見をいただきました。

「アルコールや薬物依存症の当事者の体験談を聴くのは初めてです！」と言う学生さんがいたり、「依存症になるよりももっと以前からの生活史を聞かせてもらえたことで、依存症という病気がその人自身にとっては、いろいろな状況下で本人にもどうにもならないなかで、なっていった病気なんだと理解することができました」と言う学生さんもいました。

ある学生さんは「渡邊さんは幼い頃から、承認欲求がとても強かったんだと感じました。渡邊さんの場合は、たまたま、そんな承認欲求を非行に走ることや、アルコール・薬物への依存で表していたようですが、承認欲求は僕にもあります。僕の場合は、承認欲求をSNSで『いいね！』をたくさん押してもらうことで満たしていましたが、根っこにあるものは一緒なんだと感じました」と話してくれました。

私より二〇歳以上若く、生きてきた生活環境も違う学生の方が、そんなふうに僕にも似たような経験があると共感を示してくれたときは、本当に嬉しい気持ちになりました。アルコール依存症や薬物依存症が突然なった病気ではないんだと理解してもらえただけでも、私が自らの体験を語った意味がありました。

偏見は、その人自身を知りもしないのに、表面的に現れている行為だけを見て、行為に至った動機を決めつけたり、「いけないとわかっていてやっているんだから、どうしようもない奴や！」と非難するところから生まれます。だからこそ、こうやってじっくりと依存症当事者としての私の体験談を聴いてもらえることは、大切な機会だと感じています。

私から学生の方々に投げかけた「皆さんは、依存症とか依存症者と聞いてどんなふうにしている人を想像しますか？」との質問に対しても、様々な意見をいただくことができました。「アルコール依存症って、酒を飲んで暴れている人や、酔っ払って駅のベンチでひっくり返って寝ている人、酔って暴言を吐いている人なんかをイメージしませんか？」との問いかけに対しては、ほとんどの学生さんがそのように思っていたと回答してくれました。私自身も自分が依存症と診断される以前や診断をされてからも、依存症はそんなふうに酔っ払って暴言を吐いたり、道端でひっくり返っている人のことを言うんだと思っていました。

私からは、酒を飲んでいないアルコール依存症の人たちがいることを話しました。「私も、酒を十年間飲んでいないけど、アルコール依存症者です」「一度アルコール依存症になった人は、酒を五年やめていようと十年やめていようと、アルコール依存症者なんです」「酒を上手にコントロールして飲めないことには変わりがないので、飲まないで生きるために必要なことをやっているんです」。学生さんのなかには、五年とか十年、身体に酒を入れていない、酒を飲んでいないアルコール依存症者がいることを知って、少し驚いている方もいましたが、そうやってアルコール依存症という病気と共存しながら生きていることを伝えました。世界中に同じようにして、酒を十年とか、二十年、三十年飲まないことをしながら生きているたくさんのアルコール依存症者がいる事実を共有させていただきました。

また、日本はアルコールを飲むことに寛容だから、そこらへんで座り込んで飲酒している人がいても驚かないけど、もしそれが薬だったらどうでしょう。もしくは、注射器を使って、身体のなかにアルコールを入れていたら、どう思いますか？　という問いかけもしました。

お酒を飲んでいる人は許容されているのに、薬物を使っていたら一発で犯罪だという人もいます。しかし、依存症という病気で考えたら、自分にも相手にも似たような薬理作用が本人のなかで起こっているだけの話で、依存している物が合法のアルコール飲料なのか、それとも違法の薬物なのかは、大した違いではないんだと話しました。それだけ日本という国がアルコールに甘く、薬物に厳しいということなんだと思います。

啓発部門として、大学で学生の方々を前に、依存症者が自分自身を語ること。そして、「いちご」がいろいろな場面で、依存症者が地域で暮らすのを支援したり、地域の人たちと出会い、交流する機会をつくってきたこと。これらは、依存症者が地域で生きるために必要不可欠なことでした。

だからこそ、その経験を学生の方々に聴いていただき、みんなで共有できることには、大きな意味があると思っています。

依存症者のなかには、依存症という病名や病気のために繰り返した行為や経歴だけが、一人歩きして、その人がどんな人間なのかもわからないまま、こうだと決めつけられてきた人たちが多くいます。

依存症者が自らを語り、それを聴いてもらえることで、これまでの考えにほんの少しでも亀裂が入れば、そんな決めつけは偏見でしかなかったことに気づくかもしれません。

様々な支援のありようを知れば依存症者が地域で暮らすことができている事実に気づきます。少しずつ多様な人間関係をもち、仕事をするようになる人たちもいることがわかります。なによりも、精神科病院にしかいられないと思っていた人たちが地域で笑って暮らしている事実を目の当たりにします。そういったことをどんどん、世間に知ってもらえることは、依存症という病気や依存症者というひとりの人間にたいしての偏見や、知らないあいだに高くしてきたハードルを下げることにつながります。ハードルそのものがなくなるかもしれません。

そのために、自分たちに何ができるのかを模索し、発信していくことをこれからも続けていきたいです。

第3章　依存症者として生きる私からの社会への提言

親子のあり方について考える（自分たちの場合）

親子のあり方や家族のあり方は、本当に人それぞれだから、他の方がどうかはわかりませんが、私と母親の親子関係は、あまり良かったとは思っていません。お互いの人間性というよりも、社会から求められた「親子とはこういうもの」という決めつけに苦しんできたと思います。

幼い頃の私は、母親にべったりのお母さんっ子でした。姉や妹は母親がいなくても、普通に過ごしていたけど、私は母親がいないだけでパニックになっていました。共働きの父母に、淋しい気持ちを伝えると怒られたので、気持ちを話さなくなりました。小学校に上がってからも、学校での出来事やしんどいことを相談したりしませんでした。その代わりに、学校から家に帰るとすぐにピューと走っていったり、友だちと遊んで発散したりしてやり過ごしていました。面と向かって、話し合うことをしてこなかったからなのか、大人になってからも長い間、自分と母親の考え方が違ったり、自分とは違う別個の人間なんだということが理解できませんでした。

非行や犯罪が始まった中学の頃は同じ家に住んでいたけど、話し合うことをほとんどしていなかったと思います。私が悪さをして警察に捕まったときに、呼び出されるのはいつも父親や母親でした。初めて警察に捕まり、親が引き取りに来るまで帰らせてもらえなかったとき、警察署に迎えに来た父親に怒鳴られたのをいまでも覚えています。中学を卒業するかしないかの頃は、頻繁に警察に捕まり、警察署だけではなく、家庭裁判所からも母親が呼び出されたりしていました。鑑別所入所時は、少年審判のたびに母親や父親が家庭裁判所へ呼び出されていました。

一六歳の終わりから一七歳までの一年間を過ごした少年院へ入る際も、父親が亡くなっていたので、母親がひとりで少年審判に同席しました。

少年院を出る際は、母親が事前に施設を訪れ、出院後の引き受けや監督責任について、法務省職員と話し合ったと聞きました。その際、母親が責任をもって監督するということで、少年院を出る許可がおりました。
二〇代で繰り返された精神科病院への入退院では、開放病棟に入院していた間は、勝手に外出や外泊もしていましたが、二十代半ばからの医療保護での閉鎖病棟入院時は、退院に親の同意が必要で、自分の意思だけでは退院させてもらえなかったから、母親を説得したり、母親の職場に電話をかけて、脅しみたいな言動をしていました。入院中の外出についても、一人ではさせてもらえないから、朝早くから母親を病院へ来させて、それから一日中一緒に過ごして、母親には夜遅くに帰宅してもらう、というような生活をさせていました。何十回もの入退院を繰り返すなかで、母親は私のために、お金も時間も自分自身も使っていました。それなのに、私は迎えに来たときの母親の表情が暗いとかイラついているのがうかがえるといって、暴言を吐いたりしていました。ときにはそれを理由に飲酒する息子に、母親は本当に辛い思いをしていたと思います。

私が三〇歳で刑務所に入るまで、ずっとそんなやり取りが続きました。母親はそんな私との関係について、薬物依存症を家族にもつ人たちの集まりのなかで、正直に話せたときから、楽になれたと言っていました。それまでは、母親である自分が息子を支えてあげないでどうするんだ！という気持ちで自分を奮い立たせたり、何回も何回も裏切る息子を、それでも母親として憎むなんてひどいことなんだ、と自分を責め続けていました。最後は薬物依存症者を家族にもつ人たちの集まりのなかで、「子のために走り回ってきたけど、私の人生はどうなるの？」と、実の息子だけど、本当は殺したいくらい恨んでいたこと、そしてそれ以上に、何かあったら、またいつ暴れ出すかわからない息子を恐れていたことを、正直に話せたと言っていました。

私の刑務所服役を機に、親子としてのあり方を見直したようで、私が刑務所を出所しても引き受け人にはなれないと言われましたが、母親がそう決断できたのは、同じ苦しみをもった薬物依存症者を家族にもつ人たちとの出会いがあったからでした。

刑務所を出所してすぐの頃に、こんな出来事がありました。

せっかく刑務所を出られたんだから、久しぶりに母親と会って、話でもしようか！　と思ったのですが、その頃、ミーティングへ参加したり、私もいろいろ忙しくし始めていたので、母親との待ち合わせ時間に少し遅れてしまいました。そしたら、待ち合わせ場所で、涙ぐむ母親がいました。

私としては、悪気はなかったのですが、母親は自分が楽しみにしていたのと同じように、息子の私にも楽しみに思っていて欲しかったみたいで、遅刻してきたのは、自分ほど息子は楽しみにしていないからだと思って、傷ついて泣いていました。その姿を見た瞬間、いまの私には、この人と一緒にいることはできないなと痛感しました。

私には、自分の生活があり、その頃はまずそれを熟す必要がありました。だから、母親がそこで悪意なく遅れてしまったことに対して、楽しみに思っていないと傷ついてしまう姿は、辛いという以上に、自分にはどうしようもないんだと思い知りました。もう一つは、そんな悲しそうな母親を見たとき、母親を笑顔にするのは息子の自分の役目だと思って、自分の生活ややるべきことを後回しにしてでも、母親のそばにいようとする自分を認識したからでした。

私もずっとそんなふうに生きてきたけど、母親にとっても、私との関係のなかで、ずっと自分と息子を二人で一人として考えてきたせいで、そんなふうに感じてしまうんだと思ったとき、二人にはお互いに影響し合わないくらいの距離感が必要なんだと思いました。

私が幼い頃から母親は、子どもが悪いことをしたら、親のしつけが悪いとか、ちゃんと面倒をみてあげなさいと、周囲から言われ続けてきたんだと思います。そうやって周囲の目や世間から言われることに必死で応えてきたなかで、いつしか、親子なんだから子どものことは親がなんとかしないといけないという思いが強くなっていったのだと思います。たとえ、親子であろうと、互いが別個の存在、別人格なんだという見方ではなく、親は子どもをなんとかしてあげなきゃいけない、と。世間の目もそうですが、そんなふうに、子どもの非行は親の責任だと言ってくる法律、制度のなかで、本当は望んでいないのに、そうやってコントロールし合う親子のあり方、関わり方が身についていってしまったんだと思います。そして、母親にとっては、自分が世間から非難されたり責められないために、なんとか息子を良くしないといけない、と必死になり、私も私で、そんな母親をなんとか説得しないと少年院や精神科病院から外に出ることもできないと、必死で母親を言いくるめるようになっていったんだと思います。

私と母親はいろんな出来事を経て、たとえ親子でも二人で一人ではないんだと思えるようになって、いまに至りますが、そういうふうに、子どもの行いを親の責任にしたり、改善を親に求めるやり方は、まだまだ世間には、あるんだと思います。

そんななかで、望む望まないにかかわらず、親は子どもを支配せざるを得なくなり、子どもは子どもで親を言いくるめたり、なんとか説得しないといけないような関わりができ上がってしまうんだと思います。

自助グループや医療の現場で、ときどき、耳にする悲惨な事件は、結局、自分自身を犠牲にして、相手のために尽くすことを要求されるなかで、爆発して、親が子どもを殺したり、子どもが親を殺したり、親が子どもを殺して自分も死のうとするくらいに追い詰められているから、どうしようもないままに起こってしまっているんだと思います。

本人たちが、たとえ親子であっても、互いを別個の存在、別人格だと認めていくことが大切だけど、そのような関係性に追い込むような法律や制度のあり方についても、改善させていく必要があることを痛感します。そうしないとその呪縛のなかで、悲しい出来事はこれからも起こり続けると思います。

スティグマ（汚名）、人権について、改めて思うこと

アルコール依存症や薬物依存症に対して、まだまだ社会には偏見があります。道端で飲んだくれて、ひっくり返っている人を見て「だらしがない！」とか「情けない！」という言葉をよく聞きます。

確かに節度をもって飲酒できないなら、飲まなければいいんだろうけど、そういった人たちが未だにたくさんいるのが現実です。同じように会社や家庭のなかでも似たような出来事や「言わ

れ方」はあります。お父さんはだらしがない、意志が弱い、いい加減な人、無責任、等々。

アルコールに対して寛容な日本では、飲酒そのものがかなり肯定的に扱われています。飲酒の席は、おめでたいことや神事にも密接に関わっています。

私は子どもの頃に、家での父親の飲酒を普通に目にしてきて、家族の団欒や夕飯時とはそういったものだと思っていました。晩酌する父親を見ながら夕食を食べるのが、普通の光景だったりしました。だから、なかなかアルコール飲料が薬物だという見方が入ってこないのです。アルコールは、美味しく楽しいものという捉え方が身についてきていますから。そんなふうに社会にも様々な無知による偏見やスティグマの押しつけが存在するのが現実だと思います。

私の場合は、少年期の薬物乱用から飲酒が始まり、シンナー乱用を長い間続けましたが、そのほとんどが犯罪として扱われました。ただ、もともと不良グループから強制されたことがきっかけだったので、犯罪は犯罪だけど、どこかで被害者意識も強くもっていました。

薬物使用や飲酒によって、どんどん社会生活が破綻していき、鑑別所や少年院、精神科病院での日々を余儀なくされていったのですが、心のどこかに、どうしようもないままにそうなってしまったという気持ちがあったので、薬物使用や飲酒の結果を素直に受け入れられないでいました。罪を犯した結果として入っていた少年院はともかく、病気のために入院せざるを得なかった精神科病院での日々は、本当に恨みつらみばかりでした。

一番記憶に残っているのが、いまなら薬物依存症の結果として、どうしようもなかったんだと理解できますが、少年の頃に、危篤の父を見殺しにしてまで、ひとときの薬物を使うことを選んでしまったことです。そんな自分を長い時間、受け入れることができませんでした。周囲からの罵声と自分に向けた否定と非難のなかで、どんどん自分は駄目な人間、卑怯でひとでなしだと思い込むようになりました。逆に言えば、そうやって自らがスティグマを背負い込むことで、何かから目を背け続けたんだと思います。

精神科病院へ入退院を繰り返すなかで、何回も何回も閉鎖病棟に入院させられ、保護室に隔離されたり、拘束帯でベッドにくくりつけられたときも、命がけで抵抗したり反発したけど、心のどこかで「自分は『ひとでなし』やからこんな扱いを受けるんだ」「自分みたいな人間は保護室に閉じ込められ、ベッドにくくられても仕方ないんだ！」と思うようになっていました。そうすることで、自分のなかの憤りを感じないふりをして、やり過ごしていたんだと思います。

そうやって、どんどんどんどん自分のなかで内在化されていったスティグマは、精神科病院を出てもなかなか拭えないでいました。「自分は駄目人間」「自分はみんなからそんなふうに扱われても仕方のない人間」だと思うようになりました。「自分は価値がある人間！」「自分にも人権がある！」というのが長い間、わかりませんでした。だって、さんざんそうやって言われてきたし、扱われてきたから、それが普通、それは仕方のないことなんだと思っていたんです。他者から惨めな思いや恥ずかしい思いをさせられ、そうやって扱われた分だけ、自分のなかのスティグマは強くなりました。

依存症からのリカバリーを考えるとき、スティグマを超えていくことや、いま一度、自分自身の人権について、理解し直していく必要性があると感じてきました。「リカバリーしたい！」「生きたい！」そういった自分の内側から溢れ出てくる思いや意思を肯定し、受け入れていくことは、回復へ歩き出すのに必要不可欠なプロセスだと感じています。

社会にある偏見と自分自身の経てきたプロセスが合わさるようにして、内在化されたスティグマは強化されていきました。「いちご」で働いたり、様々な人たちと出会い、人間関係ができても、内在化されたスティグマはなかなか消えないで残ったままだったので、生き方や人との関わり方に影響を及ぼしました。人権侵害や人権無視、剝奪や制限を受けているのに、そのことがわからないんです。もしくは、自分はそうされても仕方のない人間なんだという思いが勝ってしまい、嫌なことを嫌と言えない、嫌なことなのに嫌と言ったらいけない！　みたいに思い込むようになっていました。

依存症からのリカバリーは、単に酒や薬をやめるだけではなく、新しい生きる意味や目的を獲得していくことでもあると思っています。そのために、自ら放棄した社会での生活や人間関係をいま一度、やり直そうと決意したときに、何よりもの障害になったのが自分のなかにある内在化されたスティグマでした。

スティグマと数々の失敗体験が、生きることをさらに困難にさせました。障壁は、自分の外側ではなく、自分の内側にこそあるんだと思い知りました。確かに認めるのは苦しいことだけど、やったことはやったこととして認めていくほかありません。そして自分にできうる限りの努力をもって、謝罪や改善をしていくほかないんです。そうやって、怖くて不安でも、目の前のことに取り組み、一つひとつ、体験をしていくことでしか変わらないものがあることを実感しました。

他者から「それはスティグマだよ！」とか「不必要な思い込みだよ！」と言われても、拭い去って生きていくことはできませんでした。拭い去って生きていけるようになるには、苦しくてもできることをやって、そのなかで一つひとつ、体験し直し、感じ直していくしかありませんでした。「有言実行」。とにかく、酒や薬を使わないで生きたい自分の思いと、行動した結果、飲まない・使わないでいられた経験から少しずつ、自分自身に対して誇りがもてるようになりました。人から見たら、大したことないと言われるかもしれませんが、「生きていていいんだ！」と言えるような、生きている実感がもてる自分になれました。そうやって、一つひとつ、壊したものを修復し、汚したものを塗り替えていく過程が、依存症からのリカバリーのまさに基盤にあると感じています。

日本と米国の依存症関連の取り組みを比較して見えてきたこと

アメリカの様々な都市（カリフォルニア州、テキサス州、ルイジアナ州、フロリダ州、ジョージア州、ニュージャージー州、マサチューセッツ州、オハイオ州、テネシー州、ケンタッキー州、ウィスコンシン州、ミネソタ州、イリノイ州)で開催されるアルコール依存症者たちの自助グループのコンベンションやミーティングへ参加するために渡米し、そこで生きるアルコールや薬物依存症の仲間たちと出会いました。そんななかで、一番ビックリしたのは、とにかく若い人たちがたくさん自助グループにつながり、素面の生き方をスタートさせていたことでした。

私がアルコール依存症と診断を受けたのは二〇歳のときでしたが、たくさんの日本のアルコール依存症の仲間と出会うなかで、かなり若いほうでした。初めて入院したアルコール依存症の専門治療を行う病院でも、多分、私が最年少の患者でした。周囲の患者さんは、若くて三〇歳になるかならないか、それ以外は、四十代、五十代、六十代の患者さんがほとんどでした。私自身は、年齢が若かったこともあり、治療のために入院はしていましたが、なかなか、自分がアルコール依存症だと認めることができませんでした。

アメリカの自助グループでは、二〇歳になるかならないかのメンバーがほとんどで、なかには、一六歳とか一七歳のメンバーもいて、本当にビックリしました。しかも、その時点で、すでに酒や薬物をやめて、一年や二年が経っていましたから、何歳のときに依存症と言われ、自助グループにつながったのか、とても気になりました。

オハイオ州立大学の
アディクションリカバリーセンター

一度、オハイオ州の仲間に連れられて、オハイオ州立大学のなかにあるアディクションリカバリーセンターというところを訪ねました。州立大学の建物の一室が様々な依存症関連の情報を提供したり、依存症に悩んでいる学生さんたちが集ってきて、ミーティングをやっていました。また、実際に訪問はできていませんが、ミネソタ州の友人と話していて、アディクションハイスクールという言葉が出てきたので、ビックリしました。友人が言うには、アディクションハイスクールとは、依存症からの回復のプログラムを提供し、依存症から回復するなかで、しっかりと学業にも取り組める仕組みをもったハイスクールとのことでした。日本だと、中学校や高校で飲酒や薬物の問題があったら、停学や退学になったり、警察に通報されることもあるのに、そこでは、全く異なる働きかけや介入があるのです。

サンフランシスコでは、友人の紹介で、薬物事犯に特化したドラッグコートという裁判を見学しました。ドラッグコートを担当する裁判官とも、昼食を食べながらいろんなことを話す機会がありました。裁判の様子を見ていて、ビックリしたのは、外から裁判を受けに法廷へ来る人や、拘置所みたいなところから連れてこられているのか、オレンジ色のつなぎを着た人が、裁判官とにこやかに話していたり、裁判官も、その人たちにとても丁寧に、今日ここに来たことを「ありがとう」と伝えていました。交わされる英語の内容は「ミーティングへは行っているか?」とか「自助グループで、相談できる人は見つかったか?」とか、本当に好意的な言葉かけや会話でした。ひと通り話し終えたら、法廷をあとにしますが、その前にくじ引きをして、キャンディや十ドルくらいのギフトカードみたいなのをもらってから帰っていっていました。

サンフランシスコのドラッグコート

オハイオ州の刑務所に現地の仲間たちと一緒に訪問して、そのなかでやっている自助グループのメッセージミーティングへも参加しましたが、日本の刑務所とは違い、受刑者と外から来た私たちがいろんな話をして、互いに抱擁し合いました。出所の日が近づいている受刑者には、外の自助グループのメンバーが、刑務所を出てからどうするのかの相談を受けたりしていました。日本では、個人的な話をしてはいけないし、身体に触れることも禁止されているので、抱擁し合っている姿にビックリしました。

そんなふうに、アメリカでは依存症関連のいろいろな支援体制はあるけど、自助グループのミーティングで、「このなかで、刑務所に入ったことのある人はいるか？」と問いかけると、半数以上の人たちが刑務所に入ったことがあると答えていました。米国では二一歳未満の飲酒は法律違反なので、アルコールや薬物依存症の人たちが、病気のせいとはいえ、罪を犯して刑務所へ入るのは普通にあることなんだと思いました。それでも、ミーティングで出会う人たちの年齢の若さには、ビックリすることばかりでした。

オハイオ州の刑務所

二〇歳そこそこのメンバーが主になって、ミーティングやコンベンション等のイベントなんかを開催していました。若いメンバーが、新しく自助グループにつながってきた人の手助けやお世話なんかもしていました。そういう意味でも、本当にビックリすることばかりでした。

そんなアメリカのアルコールや薬物依存症関連の取り組みと、日本の依存症関連の取り組みとを比較してみると、一つのことが見えてきました。日本でもアメリカと同様に、中学校や高校に通う学生さんたちが飲酒をしたり、薬物を使うことはよくあることだけど、二〇歳未満の若者はほとんど自助グループにつながってきていないのが現状です。同様に二〇歳未満のアルコールの問題をもった人たちは、医療機関にも、ほとんどつながってきていないのではないでしょうか？

アメリカでは同じように未成年者の飲酒や薬物使用があっても、きちんと医療や自助グループにつながり、リカバリーをスタートさせている姿がありました。

日本では、二〇歳未満はアルコール依存症にならなくて、二〇歳を超えた途端になるのでしょうか？　おそらく、二〇歳未満の飲酒を法律で禁止している日本では、十代のアルコール依存症者の存在を認めることが難しいんだと思います。中学校にしても、高校にしても、在校生が飲酒問題で医療につながったり、自助グループにつながりながら学業を続けるのは、自分たちの学校に法律違反の未成年の飲酒者がいることを容認していることになってしまう。だから、学校に通う本人も周囲の人たちもなかなか、問題を外に出せない。その存在が姿を見せにくくなっているから、当然、治療にも、自助グループにもつながれないままになっていく。

しかし、アルコールや薬物依存症は病気です。治療を受けたり、回復していく権利があるはずです。そろそろ、「法律で定めたことをやぶる人間はいない！」「法律違反は単なるあかんこと！」「犯罪！」と言うのはやめて、確かに法律ではそのようにしているけど、アルコール依存症や薬物依存症になる人たち、なっている人たちの存在を認めていく必要があると思います。

アルコール依存症は誰もがなる可能性があります。以前に大阪府内の某中学校で、初めて酒を飲んだ時期やきっかけについてアンケートを取ったとき、そこにいた半数以上の中学生が一回以上飲酒したことがあると答えていました。しかも、親や親戚からのすすめや友人と遊んでいるときが飲酒のきっかけとなっていました。

これだけ飲酒に寛容な日本では、飲酒者を目にすることもたくさんあるし、成人、未成年にかかわらず、簡単に飲酒する機会があります。酒や飲酒が普通に日常生活にあります。最近では、とにかく価格を下げて、それでいてアルコール度数は高めの酒がたくさん売られるようになってきています。アルコール依存症になる／ならないはともかくとしても、酔っ払うことは、楽しいこと、友人や職場の同僚たちとの親睦を深めるものという印象を抱かせます。

そんなふうに、人びとが飲酒することに背中を押す社会なのに、飲酒行動に問題が出始めたり、アルコール依存症になった人たちには、冷たく、受け入れる環境も少なく、会社からも解雇され、行くあてがなくなり、精神科病院に隔離されていくのが現状。社会から排除され、除け者扱いをされる。私はこのことに強く違和感があるし、危惧しています。

また、医療や自助グループだけの問題ではなく、地域社会がどのように考えていく必要があるのかにも大きな課題があると思っています。

確かに、飲酒による問題行動や酒を手に入れるために起こす問題なんかも出てくると思いますが、それをどのように受け入れ、ともに生きる同じこの町の住人として関わるのか？　未成年で飲酒に問題をもった人たちが安心して暮らせる町がつくっていけるのか？　そのことのほうが大切です。

それら一つひとつが整っていくことで、アルコールや薬物の問題をもった人たちが、助けを求めたり、医療や自助グループへつながり、素面で生きることを始められる。そして、素面で生きることを支えたり、助けられる社会があって、初めて、その人がその人らしく生きられるんだと思います。

これまでは、様々な支援体制を整えていくというよりも、様々な法律や罰則をつくって、規制することで、アルコールや薬物依存症になる人をなくそうとしてきたと思いますが、それでは何にも良くならなかったから、いまに至るんだと思います。

未成年の飲酒者が実際に存在していないならそれで良いのですが、実際は、たくさんの未成年の飲酒者がいるのに、医療や自助グループにつながることができていない。顕在化されていないから、治療や支援を得て、素面で生きることを始めることもできない。顕在化されないから、周囲も放ったらかしにしている。

アルコール依存症や薬物依存症を正しく理解したり、何より、依存症者と実際に出会い、関わることで、少しずつでも、偏見や決めつけをなくしていく必要があります。アイツらはあかん奴らや！　という見方では限界があるし、そうすることで何より、病気なんだから、必要なのは治療や支援、理解や寛容な人間関係、社会なんだということに気づいていけると思っています。

私にとっても、日本とは異なる治療や支援体制をもったアメリカのアルコールや薬物等依存症関連の仕組みを知れたことは大きかったし、何よりも、実際にそれらを使って、未成年のうちから、治療や自助グループにつながり、素面の生き方をスタートしている仲間たちと出会えたことは、大きな発想や考えの変容へとつながりました。

偏見は無知や無関心から生まれる

私自身がアルコールや薬物依存症者として生きるなかで様々なかたちをとった偏見やスティグマと出会ってきましたが、そんな私も、周囲に対して様々な偏見をもっていたことを、いまさらですが、実感しています。

たとえば、私はシンナーを吸ったり、夜遊びして悪さをする自分のことを「カッコイイ!」とか「勇気がある」と思っていましたから、学校へちゃんと通ったり、教室の自分の席に座って勉強している同級生のことを馬鹿にしていました。大人や社会に従っている弱虫な奴らと決めつけていました。

ですが、自分が仕事をしたり、いろいろな人間関係のなかで嫌なことがあっても投げ出せない状況になり、我慢することができるようになったとき、それは決めつけや偏見だったと思いました。嫌なことでも我慢してやらないといけないことがあるんだと気づいたとき、投げ出してしまうほうが楽なのかもしれないと実感しました。

中学の頃、真面目に勉強をしていた同級生を勇気のない奴らだと決めつけていたけれど、もしかしたら、通学や勉強を投げ出して、好き放題やっていた自分のほうが楽だったのかもしれない。でも、私には、ちゃんと通学したり、勉強したりした体験がないからそのことを知らない。知らないのに、当時の同級生たちの苦労や大変さを無視して、大人や社会の言いなりになっている情けない奴らだと決めつけていたことは、偏見以外のなにものでもないんだと思い知りました。

二〇歳から繰り返した精神科病院への入退院でも同じでした。私は患者として、医療関係者からいろいろな扱いや言動を受けたけど、そのときの医療関係者の方たちの苦労や気持ちを考えたことはありませんでした。支援者の気持ちを考えられるようになったのは、実際に私が依存症からの回復を支援する施設「いちご」で働き始めてからでした。私自身も依存症で大変でしたが、支援者として依存症の方たちと関わるのも本当に大変でした。私自身が依存症者としての苦労は知っていても、支援者としての苦労は、実際に支援者として働くまではわからなかったし、知らなかったんです。知らないことを知ったように決めつけてきた自分のなかにある偏見を、認める必要がありました。

アルコール依存症から回復していくために、いろいろな地域のミーティングへ参加しましたが、そこでは、大阪や関西の当たり前と、他地域の当たり前の違いをたくさん、目の当たりにしました。自助グループの数や交通の便が整った環境的に恵まれた大阪では、一日に三回、四回とミーティングへ行くことも可能です。しかし、交通の便が悪かったり、自分の町に自助グループのミーティングがほとんどない地域の人たちからしたら、一日三回のミーティングは回りたくても回れないのが現状でした。それなのに、「一日三回や四回のミーティングは当たり前」とか、「酒の止め始めなんだから、そのくらいミーティングへ回らないとあかん！」みたいに決めつけて、そうしていない人たちを馬鹿にしていた自分がいたんです。そのことも自分と違う環境の人たちと出会い、知っていくなかで少しずつ理解してきました。

アメリカのいろいろな州のミーティングへ参加したとき、日本では自立の妨げになるからとあまりしていないような仲間に対しての手助けを目にしました。特に大阪では、ミーティングへ来たら歓迎するけど、交通手段は本人に確保してもらう必要があるとされてきました。仲間を車で拾って、ミーティングへ連れて行ったり、ミーティングの後に仲間を家まで送ったり、泊めたりするのはあまり良くないことと言われています。しかし、交通の便や環境的に全く異なるアメリカの州では、アクセスに関する援助がないとミーティングへ行くことさえできない仲間がたくさんいることを目の当たりにしました。大阪から京都くらいの距離があるのに、公共交通機関が全くないとか、ミーティングへ行くことはできても帰りの交通手段がないとか、片田舎に住む仲間たちは、ミーティングへ行くだけでも一日がかりだったり、けっこうなお金を支払う必要があったりする現実があります。そういった地域の特性や自助グループの事情に合わせて、仲間が車で一人、また一人と仲間を拾っていってみんなでミーティングへ行ったり、一緒に帰ってきたりしていました。

それが良いとか悪いとか、正解か間違いかではなく、そうやってしかミーティングへ参加することができない現実があることを理解しました。そこに日本や大阪のやり方をもってきて、良いとか悪いとかを考えること自体がナンセンスなのだと実感しました。

また、これまで日本で生活してきた私は、ハッキリとわかるかたちで、同性愛者の方と出会ってきていないからなのか、同性愛というのがよくわからないでいました。

しかし、アメリカのミーティングへ参加するなかで、本当にたくさんの同性愛者の仲間たちと出会いました。男性が女性の彼女と手をつないで歩いているのと同じくらい、女性が女性と手をつないでいたり、男性と男性が手をつないでいる光景を目にしました。

ある親しくさせてもらっていた男性の仲間からは「洋次郎さん、私たちはこの間、結婚したんです」といって男性のパートナーを紹介されました。身近に同性愛者がいなかったり、理解の乏しかった私には、一瞬「あれ?」とクエスチョンマークが出ましたが、彼らにとってはそれが普通で当たり前なんだと思ったときに、そういったことを知らない無知な自分や無関心だった自分を認めざるを得ませんでした。

ニューヨークのブルックリンの仲間の家に泊めてもらったとき、街の片隅の壁に、黒人の少年に銃を向ける白人の警官の絵が描かれてました。また、ユダヤ教とかイスラエルというのも言葉は知っていましたが、日本に暮らしている私には、全く関係のない遠い異国の話だろうと思っていました。

ニューヨークの国連本部

しかし、実際にブルックリンに住む同じアルコール依存症の仲間たちがそうだと知り、身近なこととして感じるようになりました。家の壁にイスラエルの旗が飾ってあったり、ユダヤ教の人たちが自分たちの決まりに沿った食事をつくってくれ、それを食べたりするなかで、本当に知らないことがたくさんあったことがわかってきました。

ホロコーストやナチスドイツによる大量虐殺も、聞いたことくらいはありましたが、実際に自分の祖母や親類をナチスドイツに焼き殺された体験をもつ仲間と出会うなかで、自分とは全く関係のない異国の地で繰り広げられている他人事ではないんだと思うようになりました。

また、日本のテレビでも報道されていましたが、ドナルド・トランプ大統領が就任するときも、アメリカの仲間たちのなかには、銃を構えたり、闘おうとする人たちがたくさんいました。日本に住む私にとっては、トランプが大統領になろうとなるまいと、どんな影響が自分にあるかがわからないから無関心でしたが、アメリカの仲間たちにとっては、身近な友人たちが迫害される恐れがあったので、無関心でいられるわけもなく、生き残るため、友人を守るために、闘おうとしていることを感じました。

そうやって、いろいろな町を訪れ、いろいろな人たちと出会うなかで、自分にはこんなにも知らないことがあったんだと理解できました。それまでは自分には関係がない、自分には影響がないからと、知らないことを知らないままで構わないと思っていました。しかし、世界で起こっている様々な出来事が実は自分とも関係していたり、何かしらの影響があるんだと理解できたとき、そのことをもっと知っていきたい、理解していきたいと思いました。

無知と無関心は、私に自分が何も知らないんだということも気づかせてくれませんでした。世の中で起きている出来事は自分とは関係ないと決めつけていました。知らないことを知っているつもりになること自体が無知や無関心から生まれる偏見だと思いました。

その事実に納得したとき、私にはまだまだ知らないこと、知っているつもりになっていることがたくさんあるんだと気づきました。だからこそ、知らないことを知りたい、いろいろな人たちと出会っていきたいと思いました。

私はその人自身ではないから、全てを理解できるわけがありませんが、それでも私の知らなかったその人の姿や生活を知りたい、一〇〇パーセントでは全然ないけど、そうやってしか誰かや何かを理解することはできないんだと思ったことから、自分にできることをしていきたいと思うようになりました。

依存症関連についてや性差、ＬＧＢＴＱ、障害、福祉、貧困や民族、教育等々、様々なことを自分は知らないんだという状態を知ることが大切なことで、そうやってしか、無知や無関心を超えた偏見のない眼差しは生まれないんだと感じています。このことは、遠い世界の話ではなく、実はとても身近なところでも起こっていて、気をつけないといけないと思いました。

リカバリーパレードを歩いて

数年前から関西でも、リカバリーパレードという依存症等からの回復を祝うパレードが始まりました。実行委員会が立ち上がり、月に一回くらいの会議を重ねて、九月に大阪の御堂筋をみんなでパレードします。参加者は、自分の好きな衣装を身に纏い、発信したいメッセージをプラカードに掲げて、パレードを歩きます。

「依存症は回復できる病気です」「依存症者も社会の仲間です」「回復を応援する社会を！」とシュプレヒコールを叫びます。いろんな自助グループのメンバーの方や家族の方、行政職の方、福祉職の方、大学教員、法務省の方たちと、立場や肩書きを超えて一緒になって、依存症者の回復とそれを応援する社会のために、パレードができることが嬉しいです。

依存症者本人だけではなく、社会の様々な立場にいる人たちが依存症に対しての社会の見方を危惧していて、なんとか変えていきたいと一緒に活動するのが、リカバリーパレードだと感じています。

実は私自身が長い間、アドボカシー、権利擁護ということがわかりませんでした。私自身が少年院や刑務所への入所、精神科病院への入院を繰り返すなかで、犯罪は別にしても、病気を治療しているのに、なんで強制的に入院させられるのか？ なんで、病院の決まりで、有無を言わさず保護室に三週間も四週間も入れるのか？ なんで、理由も明かされないまま、外出制度のない閉鎖病棟に数カ月も入れられるのか？ なんで、保護室のベッドに、手や足、胴体を拘束帯で縛りつけられるのか？ わからなかったです。

病院からは「暴れるから」とか、「自分を傷つけるから」とか、「マトモな精神状態じゃないから」と言われました。それが事実かどうかは、よくわからないです。ただ、自分のなかには、俺が本当の気持ちを言葉にしたら閉じ込められる！ 俺が自分の気持ちを表したらベッドにくくられるんだ！ という怒りと恨みがましい感情が起きました。

オーバードーズのパレード

結局、拘束帯をほどいてもらうため、保護室から出してもらうため、閉鎖病棟から外に出るために、自分の何がおかしかったのかもわからないのに、頭を下げたり、非を認めました。そうしなければ出してはくれない。あんたらは、許してくれないんだろ！ という気持ちばかりでした。

あらゆる権利が制限されたり、奪われていったのに、その全てが自分のせいだから！　自分がこんな人間だから！　という処理の仕方でしか解決できず、最終的に、それらは私から「私にも、人権があるんだ！」という本来、当たり前なはずの考えを奪いました。いや、生きるためには、自ら放棄せざるを得ない感覚にさせました。


権利擁護、人権について、考えた最初のきっかけは、若年性認知症の世界的な活動をされている方たちからの生の声、言葉でした。


「私は認知症ですが、私と出会う人から、『あなたは認知症には見えないですね！』という言葉を聞くことがあります。しかしそれも偏見なんです！

認知症とはこういうものだという思い込みと偏見で私を見るから、異なって見える私を認知症ではないというふうに思った！」

「私たちが声を出す！」

「私たちが姿を見せていく‼」

「そうすることでしか、社会にある認知症はこういうものだと言うステレオタイプのフィルターは変わっていかない‼」

「私を助けてください‼」

「私の手助けをしてください‼」

「私を理解してください‼」

「『私とともに生きてください！』と言うのは、恥でも情けないことでもない、権利なんです‼」


その言葉に、ハッとしました。Reasonable accomodation（「合理的配慮」と訳されている）という言葉の日本語訳の「配慮」では、「なんかしてもらえたら、嬉しいです！」という語感があり、「配慮」という言葉自体が控え目な感じだけど、そもそもこの言葉はマイノリティの側からマジョリティに都合良くつくられた社会に対する権利の主張としてでてきたのだと教えられました。「合理的配慮をしてもらえたら嬉しいです！」ではなく、「合理的配慮をしてください‼」「してもらう権利が私にはあるんだ！」と言わなければなりません。

アメリカでも、ドラッグのオーバードーズのパレードに出ました。ヘロインの過剰摂取により、命を落としたたくさんの人たちの写真や名前をみんながプラカードとして掲げて歩く姿は、葬いのようにも見えました。ヘロインの使用は、家族や周囲の人たち、社会に大きな影響や犠牲を強いていますが、誰よりもの犠牲者はヘロインを使用して、命を落とすことになった本人自身のように私には見えました。誰かが悪くてというよりも、みんなが犠牲者なんだと。だからこそ、若者も歳を取った人も女も男も、小さな女の子や男の子もそこに列をなしてました。

薬物やアルコール等への依存は、一個人の問題ではなく、社会全体の問題なんだ。だからこそ、私は私自身の姿を見せていこうと思いました。声を出そうと思いました。私自身が自らによって、放棄した、周囲から剝奪された権利をもう一度、一人の人として、声にして、主張したいと‼

誰かが行動しないと、社会は変わらない。変わらない社会のなかで、私と同じように、人権が無視されたり、放棄せざるを得ない状況下にもっていかれてしまう人がいるかもしれない。そして、それは社会全体にとって、悲しい結果を引き起こしているんだと思いました。

私が自分の過去を明かせば、きっと、こんなにひどい生き方をしてきた人も、こうやって地域に暮らせることがわかります。薬物依存症やアルコール依存症、精神科病院入院者や犯罪を犯したことのある人間だけど、本人が明かさなかったら、一見わからないような人もいます。

決して、こうやって生きてきた私が特別にひどい人間で、みんなと異なるからこうなった！　こうなって当然だった！　ということではなく、みんなとたいして変わらない人間なんだ。

そして、私が素晴らしい人間だから、良くなって回復できているのではなく、必要な支援を必要なときに受けられたから、こうなれただけなんだ！　特別にひどい人間だからアルコール依存症や薬物依存症になって、刑務所に入ったわけじゃない。特別に、素晴らしい人間だから、良くなって、回復していくんじゃない。

そこに、支援があったから！　ともに生きてくれた人たちがいたから‼

そのことを、リカバリーパレードを通して、私は私の経験としてみんなと共有したい‼

そして、どんなにひどい生き方をして、ひどい状況下にある人たちにも、良くなりたい！　良く生きたい！　と望む権利があるんだと、もう一度、思い起こしてもらいたい‼

だからこそ、アルコール依存症や薬物依存症の当事者だけではなく、みんなで、このパレードを歩きたい。リカバリーの道を歩きたい！　医師も警官も裁判官も市場のおっちゃんも、そこにいるママも、学校の先生も、工事現場のおっちゃんも、みんながみんなでそのことを考え、取り組んで良いと思います。私たちには、みんなの理解や手助けがいります。あなたたちみんなと同じように、この町に生きるひとりの人間。ひとりの私という人間だから。

私は、あなたたちのなかに生きています。互いに助け合い、支え合うなかに、生きているんです。私がリカバリーパレードに加わり、依存症者のひとりとして、社会に対して自分自身を発信していこうと思えたきっかけは、そんな若年性認知症の方たちとの出会いから生まれました。

自分が生きること、人と関わることが何よりの啓発に

「いちご」として大学で出前講演をしたり、ゲストスピーカーをさせていただいていますが、社会に対しての啓発活動はそれだけが全てでは当然ありません。私自身が依存症者として飲まない・使わないで、いま、働いていることや、仕事の有無にかかわらず、いろいろな場面で他者と関わっていること。なによりもいまを生きていることが、社会へ向けた一番の啓発になっている

んだと感じています。

現在の職種が職種なだけに、以前にお世話になった精神科医やソーシャルワーカー、看護師さんともけっこう頻繁にお会いすることがあります。そのたびに、みんなから「変わったなぁ〜」とか「回復したなぁ〜」と言われます。なかには、「素面になったら、いろいろなことを整理して話せて、すごいなぁ〜」とか「賢かったんやなぁ〜」と言われることもあります。きわめつけは、「洋次郎君は、絶対回復できへんと思っていたのに回復者として生きているなんて、本当に自助グループの力はすごいなぁ〜!!」と、私に対してというより、自助グループの効果や力を称賛される医師やソーシャルワーカーがいます。

入退院を始めた十年前、二十年前から関わりのあった医師やソーシャルワーカーは、あの頃のどうしようもなかった絶望だらけの私を知っていますから、生きているだけでも奇跡だと言われます。入院中の院内飲酒だけではなく、暴力行為や犯罪までして強制的に病院を追い出された人間が酒や薬をやめて、再び目の前に現れる姿を見るのは、どんな感覚なんでしょうね。その方が、依存症のしんどさや苦労を知っている分だけ、感慨深いものがあると言われますが、私はきょとんとしています。

そんなふうに、どんなにひどいアルコール依存症や薬物依存症の人間でも回復できる！　素面で生きられるんだ、と関わりのなかで感じてもらえることは、気恥ずかしけど、素直に嬉しい出来事です。そして、以前にお世話になった医療関係者や司法関係者だけではなく、様々な人たちと出会うなかで、アルコール依存症で薬物依存症の自分が、酒や薬を使わずに生きている自分として出会えたり、飲んでいた頃は迷惑ばかりかけた友人や家族と、改めて関係が築けてきたことは、本当に嬉しいことでした。素面でもいろいろなことにしんどさを感じるし、逃げたり弱虫な一面も見せますが、それこそが酒や薬を使っていない自分のそのままの姿だから、卑下したり隠すことなく、そのままの姿で生きていけたらと思います。そんな姿を知ってもらうことで、依存症や依存症者に対しての偏った見方が変わると感じてきたので、周囲の偏見や決めつけだけじゃなく、自分のなかの内在化された偏見やスティグマを新たな自己理解へのプロセスと信じて、まずは自分自身を生きることをしたいと思います。

あとがき

本書を通して私の人生、物語を知っていただくのは嬉しいことです。しかし、皆様に本当に知っていただきたいのは、私のようなひどい状態を生き延びた依存症者がこの街のなかにたくさんいるんだ、ということです。

その依存症者がカミングアウトをしていないだけで、隣にいる「あの人」や「この人」も、実はそんなふうに生きてきたのかもしれません。人の人生は個別的なものではありますが、その物語をよく知ってみると、あなたと似通った問題や弱さをもちながら、様々な人たちがこの社会には暮らしていることがわかるでしょう。

依存症は、決して特別ひどい人たちや悪い人たちだけがなる病気ではなく、また、特別素質がある人たちだけがリカバリーしているのでもないということを、感じ取っていただければ幸いです。

必要なのは、そばにいる私たちの言葉や支え、助けによって、その人のリカバリーは支えられているという事実を社会に知ってもらうことです。依存症になる人たちは決して「特別な人たちではないんだ」ということがわかれば、精神科病院や刑務所に入れられたまま、治療や支援を受けられないでいる人たちへの見方も変わるのではないでしょうか。

私たちは、精神科病院や刑務所へ入れられている人たちを見るとき、自分とは異質な存在だと思うことで、無関心を保ちますが、実は自分となんら変わらない人たちだと気づいたらどんなことが起きるでしょう。その人たちがそのような状況下にいることを放ってはおけないはずです。自分ごと、そして社会に暮らす自分たちみんなの問題として考えませんか。

誰だって、弱音を吐いたり、助けを求めたとき、手を差し伸べてくれる誰かの存在が必要なはずです。私がここまでくるのにも、たくさんの仲間が必要でした。たくさんの仲間と出会えたことを通して、依存症者の生き様やリカバリーも百人いれば百通りなんだと思うようになりました。そして、誰でも生き方は多様だし、多様でいいんだと思うようになりました。だから、みんなが私にしてくれたように、どんなことも自分ごととして考え、手を差し伸べたいと思います。そうすることで、誰でも生きやすい社会になるのではないでしょうか。

今回、私の書く文章を読み、このことを世の中に発信して欲しいと言ってくれた現代書館の編集者の方たちには本当に感謝します。コミニュケーションが下手くそな私に付き合ってくれたこと、本当に嬉しかったです。

そして、本書のなかに出てきた家族や友人それから医療関係者や司法関係者の方たちに、感謝しています。そして、何よりも、リカバリハウスいちごに本当に感謝しています。私というひとりの人間の人生のなかに、ともに生きてくれて、本当にありがとうございました。

自分自身を語ること、自分自身をわかちあうことの素晴らしさを教えてくれたのは、ともに在ってくれた仲間たちの存在と、一人ひとりの生きる姿でした。これからも迷惑をかけたり、お世話になることばかりかもわかりませんが、どうか私とともに生きてください。

二〇一九年十月

渡邊洋次郎

渡邊洋次郎（わたなべ・ようじろう）

一九七五年、大阪府生まれ。介護福祉士。

十代から鑑別所入所、少年院入院を繰り返す。

二〇歳からアルコール依存症等で精神科病院へ四八回入院。三〇歳からの刑務所服役後、自助グループへつながり、回復の道を歩み始める。現在、依存症回復支援施設で職員として働きながら、啓蒙活動や海外の自助グループとの交流を行っている。

著書に『渡邊洋次郎対談集：弱さでつながり社会を変える』（現代書館、二〇二三年）。


下手《へた》くそやけどなんとか生《い》きてるねん。

——薬物《やくぶつ》・アルコール依存症《いぞんしょう》からのリカバリー

二〇一九年十一月十五日　第一版第一刷発行
二〇二四年十一月十五日　第一版第五刷発行

著　者　渡邊洋次郎
発行者　菊地泰博
発行所　株式会社現代書館
東京都千代田区飯田橋三−二−五
郵便番号　102−0072
電　話　03（3221）1321
FAX　03（3262）5906
振　替　00120−3−83725
組　版　プロ・アート
印刷所　平河工業社（本文）
東光印刷所（カバー）
製本所　鶴亀製本
装　幀　大森裕二

校正協力／渡邉潤子
 ISBN978-4-7684-5871-6